A PRÁTICA DA MEDITAÇÃO ESSENCIAL

Dados Internacionais de Catalogação na Publicação (CIP)
(Câmara Brasileira do Livro, SP, Brasil)

Bstan-'dzin-rgya-mtsho, Dalai Lama XIV, 1935-
  A prática da meditação essencial : técnicas tibetanas para descobrir a natureza real da mente e alcançar a paz interior / Dalai Lama; traduzido do tibetano e organizado por Jeffrey Hopkins; tradução Jeferson Luiz Camargo. — São Paulo: Pensamento, 2019.

Título original: The heart of meditation: discovering innermost awareness
Bibliografia.
ISBN 978-85-315-2050-1
1. Budismo — Doutrinas 2. Meditação — Budismo 3. Meditação — Métodos I. Hopkins, Jeffrey. II. Título.

18-22457   CDD-294.34435

Índices para catálogo sistemático:
1. Meditação : Budismo 294.34435
Iolanda Rodrigues Biode — Bibliotecária — CRB-8/10014

Dalai Lama

A PRÁTICA DA MEDITAÇÃO ESSENCIAL

Técnicas Tibetanas para Descobrir a Natureza Real da Mente e Alcançar a Paz Interior

– Traduzido do Tibetano e Organizado por Jeffrey Hopkins –

Tradução
Jeferson Luiz Camargo

Editora Pensamento
SÃO PAULO

Título do original: *The Heart of Meditation – Discovering Innermost Awareness.*
Copyright © 2016 The Dalai Lama Trust.
Publicado mediante acordo com a Shambhala Publications, Inc.
Copyright da edição brasileira © 2019 Editora Pensamento-Cultrix Ltda.
1ª edição 2019.
1ª reimpressão 2019.

Todos os direitos reservados. Nenhuma parte deste livro pode ser reproduzida ou usada de qualquer forma ou por qualquer meio, eletrônico ou mecânico, inclusive fotocópias, gravações ou sistema de armazenamento em banco de dados, sem permissão por escrito, exceto nos casos de trechos curtos citados em resenhas críticas ou artigos de revista.

A Editora Pensamento não se responsabiliza por eventuais mudanças ocorridas nos endereços convencionais ou eletrônicos citados neste livro.

Editor: Adilson Silva Ramachandra
Editora de texto: Denise de Carvalho Rocha
Gerente editorial: Roseli de S. Ferraz
Preparação de originais: Marcelo Brandão Cipolla
Produção editorial: Indiara Faria Kayo
Auxiliar de produção editorial: Daniel Lima
Editoração eletrônica: Mauricio Pareja da Silva

Direitos de tradução para o Brasil adquiridos com exclusividade pela EDITORA PENSAMENTO-CULTRIX LTDA., que se reserva a
propriedade literária desta tradução.
Rua Dr. Mário Vicente, 368 – 04270-000 – São Paulo – SP
Fone: (11) 2066-9000
http://www.editorapensamento.com.br
E-mail: atendimento@editorapensamento.com.br
Foi feito o depósito legal.

Sumário

Prefácio 9

PRIMEIRA PARTE: *O Caminho Budista*
1. Meu Foco 19
2. Empatia: A Prática Básica 27
3. Meditação: Canalizando a Força da Mente 34
   Identificando a Mente 38
   Técnica 40
4. Conhecimento: O Objetivo da Concentração ... 42
   Começar por Si Próprio 45
   O Progresso Rumo à Iluminação 47
   Qualidades da Condição de Buda 53

SEGUNDA PARTE: *Introdução à Grande Completude*
5. O Princípio Fundamental Comum a Todas as Ordens do Budismo Tibetano 59
   A Consciência mais Profunda Permeia Todo Tipo de Consciência 61

Praticar o Caminho Agora	62
6. A Mente Inata de Clara Luz	65
O Veículo sem Esforço	65
A Centralidade da Mente de Clara Luz	66
Tipos de Livros	67

TERCEIRA PARTE: Comentário sobre o texto *Atingindo a Essência em Três Palavras-Chave*, de Patrul Rinpoche

7. A Primeira Chave: Apresentação da Consciência mais Profunda	73
Descontrair-se	74
Parar de Pensar por Algum Tempo	75
Choque	76
8. O Repouso Supremo	82
Níveis de Consciência	83
A Clara Luz Dentro de Todas as Consciências	97
9. A Benigna Mente de Diamante	99
Voltando sua Atenção para o Espaço	100
Identificando a Consciência mais Profunda	101
10. A Segunda Chave: Manter a Meditação	104
Sem perigo	105
As Nuvens e o Céu	107
O Encontro Entre Mãe e Filho	107
A Clara Luz da Morte	109
As Claras Luzes Mãe e Filho no Poema	111
Permanecer na Experiência	112
Como Lidar com Interferências	112
Dentro e Fora da Meditação são Coisas Semelhantes	114

Três Tipos de Libertação das Concepções 115
11. O Caminho Gradual 117
    O Perigo 118
    Tomando uma Decisão 119
12. A Terceira Chave: Autolibertação 121
    O Espaço de Não Envolvimento 122
    A Diferença Crucial 125
    Confiança 126
13. O Caráter Único das Três Chaves 128
    Altruísmo 129
    A Grandeza do Caminho 130
    A Tríade de Visão, Meditação e Comportamento 133
    Os Últimos Versos do Poema 140

QUARTA PARTE: *Comparação Entre as Escolas da Antiga Tradução e da Nova Tradução.*
14. Estruturas Básicas da Grande Completude na Escola da Antiga Tradução 143
    As Duas Verdades 143
    Base, Caminhos e Frutos 147
    Um Significado Especial de "Meditação" 152
15. Recomendações 158
    APÊNDICE: *Atingindo a Essência em Três Palavras-Chave*   161
    por Dza Patrul Jigme Chokyi Wangpo (Patrue Riponche)
    Bibliografia Selecionada 167

Prefácio

ESTE É UM LIVRO extraordinário em que Sua Santidade, o Dalai Lama, apresenta detalhes minuciosos sobre a meditação. Ao preparar-se em Londres, no segundo semestre de 1984, para falar sobre um poema visionário de um yogue tibetano de grande profundidade, Sua Santidade ensinou-me esse texto em seu gabinete particular em Dharamsala, Índia, tendo em vista que eu seria seu intérprete na apresentação para o público. Neste livro, combinei esses ensinamentos particulares com as palestras proferidas pelo Dalai Lama no Camden Centre, o que oferece aos leitores um panorama extraordinário de como o indivíduo pode mergulhar num estado profundo, para além das limitações impostas pelo excesso de pensamento — um estado em vivemos livres no núcleo nu e mais profundo de nossa mente. O objetivo é usar o espaço entre os pensamentos para experimentar um nível mais profundo de consciência básica e trazê-lo para o primeiro plano, tomando conhecimento do alicerce de toda experiência consciente.

O livro é dividido em quatro partes. Na primeira, o Dalai Lama apresenta o contexto dos ensinamentos extraordinariamente diretos do poema, aprofundando os conselhos dados em seu final, visando ao aumento da empatia por todos os seres e do conhecimento da natureza de todos os fenômenos — pessoas e objetos. Na segunda, ele introduz o sistema da Grande Completude (ou Dzogchen) e identifica a "consciência mais profunda" como o princípio fundamental comum a todas as ordens do Budismo tibetano. Na terceira, faz comentários sobre a inspiração do poema, expandindo as três chaves que constituem sua mensagem fundamental — como identificar a consciência mais profunda dentro de nós, como manter contato com ela em todos os estados e o que fazer para nos libertarmos do excesso de pensamentos. O leitor não demorará a identificar o fio comum que une as três primeiras partes: ao expandir a empatia compassiva por todos os seres, ele romperá as barreiras que nos atraem para miríades de pensamentos e ações contraproducentes e destrutivos, possibilitando o uso do espaço entre os pensamentos e permitindo a manifestação de um maior aprofundamento mental. Na quarta, o Dalai Lama apresenta mais explicações sobre temas espirituais específicos, como as duas verdades — a verdade convencional e a verdade última, a pureza desde o início, a luminosidade interior e exterior, a diminuição gradual do conceitualismo e o aumento da percepção da consciência mais profunda e, por fim, a identificação da clara luz no meio de qualquer consciência. As quatro partes reforçam e confirmam umas às outras e é possível lê-las na ordem em que o leitor quiser.

Permitam-me acrescentar que a estadia em Londres para as palestras no Camden Centre foi de grande interesse para mim. Meus ancestrais de ambos os lados, os Hopkins e os Adams, já estavam nos Estados Unidos na época da Revolução e as raízes de ambos remontam à Inglaterra; meu fascínio pelo lar ancestral provinha, sobretudo, do fato de eu querer saber se sentia alguma ligação, por menor que fosse, com os ingleses. O Dalai Lama estava hospedado na casa do Reverendíssimo Edward F. Carpenter, pacifista ecumênico que foi decano da catedral de Westminster de 1974 a 1986, e sua esposa Lilian, duas pessoas que, depois de nosso contato inicial, pareceram-me muito cordiais e abertas. Eu estava hospedado no Liberal Club, e minha caminhada de volta à casa exigia que eu passasse diante do número 10 da Downing Street, residência oficial e gabinete de trabalho do Primeiro Ministro, onde o jovem rebelde que eu ainda trazia em mim me faria avançar alguns passos até chegar ao número 10 e ali ficar por tempo suficiente para deixar a segurança inquieta.

No dia 2 de julho, Lilian Carpenter caminhou comigo pela Abadia de Westminster – magnífica, apesar da feiura do cinza predominante –, e sua conversa era muito agradável, até mesmo jovial em alguns momentos. Criou-se uma atmosfera de simpatia mútua entre nós, e o tempo em que ali estivemos juntos foi deveras encantador. Conversávamos sobre os grandes líderes da Inglaterra, celebrizados à nossa volta em grandes blocos de pedra, embora eu deva admitir que, apesar de me sentir cada vez mais à vontade com Lilian, uma sensação de distanciamento em relação a meus ancestrais foi aos poucos se formando em mim.

No dia seguinte, voltei à Abadia de Westminster para atuar como intérprete de Sua Santidade. Um coro de meninos cantou com as vozes angelicais da infância, e Sua Santidade foi então apresentado. As primeiras palavras que dirigiu ao público reunido naquela enorme abadia foram ditas em tibetano: "Não me interesso nem um pouco por edifícios", e meneou sutilmente uma das mãos, num movimento circular que indicava estar se referindo também àquele edifício que se alçava aos céus sobre nossas cabeças. Na verdade, foi essa sua primeira declaração pública em Londres; não disse mais nada, fazendo uma pausa para que eu traduzisse o que ele havia dito. Eu não fazia a menor ideia do que ele pretendia nem do que faria a seguir, o que me deixava sem um contexto no qual me apoiar. Creio firmemente que é preciso traduzir com exatidão o que um lama diz, embora o contexto ofereça ao intérprete a possibilidade de alguma variação lexical, ainda que mínima. Naquele momento, porém, eu não tinha nada disso; meu único contexto consistia em saber quanto aquele edifício significava para o público! Mas isso não tinha importância. Como o que interessava era o objetivo dele, eu tinha de traduzir exatamente o que ele dissesse, e foi o que fiz. Aquela foi sua segunda visita à Inglaterra, mas a primeira não foi para ensinar, de modo que o público tampouco tinha um contexto de apoio. A reação deles me pareceu totalmente apática; a julgar pela expressão de seus rostos, era como se ele não tivesse dito nada. Sua Santidade continuou: "Me interesso pelo que está acontecendo em sua mente, em seu coração". Hoje, quando ele diz isso, há uma reação imediata, uma profunda sensação de reconhecimento, mas naquela ocasião, em Westminster, sempre que eu olhava para o público percebia que sua resposta ainda parecia ser de apatia. Se alguma coisa estava acontecendo, não estava na superfície, mas com o tempo ficou claro que o público começou a demonstrar entusiasmo e interesse.

Sua Santidade estava falando com franqueza, e aos poucos o mundo passou a conhecer e apreciar essa maravilha, essa pessoa que nos exorta ao exame e conhecimento de nosso interior. A mensagem permanece a mesma, desdobrando-se em detalhes à medida que ele passou a ser o Lama do Mundo.

Posso lhes contar uma história engraçada? Antes de chegarmos a Londres, enquanto o Dalai Lama e sua comitiva passavam por Edimburgo, Glasgow, Coventry etc., vivíamos ouvindo dizer: "Ele vai falar no Royal Albert Hall no dia 5 de julho!". Eu tinha a impressão de que esse lugar era a suprema glória da Grã-Bretanha. E, de fato, com seus cinco balcões que circundam o palco, não deixando que nenhum assento fique longe demais e propiciando uma agradável sensação de proximidade, tudo ali é magnífico! O palco forma como que um arco em direção ao público, que quase pode apoiar seus cotovelos nele. Com Sua Santidade e eu no meio dele, à nossa esquerda havia um rapaz na primeira fila que, quando a palestra já ia lá pelos dois terços, abriu uma lata de refrigerante com certo estardalhaço. Como de hábito, Sua Santidade não estava apreensivo com nada, mas, como eu estava bem perto dele e me via como um guarda-costas, imaginei se o tal sujeito não estaria pretendendo dar um banho de refrigerante em Sua Santidade. Mas não aconteceu nada, e a palestra continuou sem nenhum problema. O reitor fez suas despedidas protocolares e, quando estávamos nos retirando por detrás do palco, sussurrei a dois membros da segurança tibetana que tivessem cuidado com o sujeito sentado na primeira fila com uma lata de refrigerante (*with a soda*, em inglês). Um deles entendeu "com uma espada" (*with a sword*) e, de pronto, todos entraram em modo de segurança máxima! Mais tarde, fui repreendido e, depois, zombaram muito de mim por não sussurrar de modo mais claro.

Depois da palestra no Royal Albert Hall sobre "Paz de Espírito, Paz em Ação", que foi calorosamente recebida, Sua Santidade voltou para um lugar bem menor, o Camden Centre de Londres, onde no dia anterior havia inaugurado uma série de quatro dias de seminários sobre a doutrina de interdependência, central ao Budismo. No fim desses seminários, ele fez uma série de cinco palestras sobre o inspirado poema que constitui o fundamento do presente livro.

Este é um livro muito profícuo que reflete a profundidade meditativa e reflexiva da cultura tibetana, impregnada de generosidade e praticidade. É um exemplo brilhante de como essa grande civilização tibetana, que exerceu uma enorme influência em quase toda a Ásia, continua a ser de grande importância para o mundo.

Jeffrey Hopkins, Ph.D.
Presidente do Instituto UMA de Estudos Tibetanos
Professor Emérito de Estudos Tibetanos,
Universidade de Virgínia

PRIMEIRA PARTE

O Caminho Budista

• 1 •

Meu Foco

Hoje, grande parte do mundo está conectada por uma rede de comunicação eletrônica e informação instantânea. No século XXI, nossa economia global tornou nações e seus povos ainda mais dependentes uns dos outros. Nos tempos antigos, o comércio entre as nações não era necessário. Hoje, é impossível permanecer isolado, de modo que, se as nações não tiverem respeito mútuo, será inevitável que surjam problemas. Embora haja graves sinais de problemas entre as nações mais pobres e as mais ricas, e entre os grupos mais pobres e os mais pobres dentro de cada nação, essas diferenças econômicas podem ser sanadas por uma noção mais forte da interdependência e responsabilidade global. O povo de cada país deve considerar o povo dos outros, assim como as pessoas que vivem em sua própria nação, como irmãos e irmãs dignos do direito de progredir com liberdade.

Apesar dos grandes esforços dos líderes mundiais, as crises continuam a eclodir. As guerras matam pessoas inocentes; idosos e crianças morrem o tempo todo. Muitos soldados que combatem não o fazem por iniciativa própria; os sofrimentos desses soldados inocentes são reais, o que é desalentador. A venda de armas — milhares de tipos de armas e munição — pelos fabricantes em grandes países alimenta a violência, ainda que mais perigosos que as armas ou as bombas sejam o ódio, a falta de compaixão e o desrespeito pelos direitos dos outros. Enquanto o ódio residir na mente humana, a paz verdadeira será impossível.

Temos de fazer todo o possível para deter as guerras e livrar o mundo das armas nucleares. Quando estive em Hiroshima, onde a primeira bomba atômica foi lançada, vi o lugar exato onde isso aconteceu e ouvi as histórias dos sobreviventes, meu coração foi tomado pela mais profunda comoção. Quantas pessoas morreram em um só instante! Quantas mais foram feridas! Quanta dor e desolação uma guerra nuclear é capaz de criar! Ainda assim, vejam a quantidade de dinheiro que ainda se gasta com a fabricação de armas de destruição em massa! É uma ignomínia, uma desgraça incomensurável.

Na verdade, os avanços científicos e tecnológicos trouxeram imensos benefícios à humanidade, mas o preço a pagar foi altíssimo. Por exemplo, enquanto desfrutamos o avanço dos aviões a jato que nos permitem viajar pelo mundo com grande facilidade, também se criaram armas com inimaginável poder de destruição. Por mais belos ou distantes que sejam seus países, muitas pessoas vivem em estado de medo permanente de uma ameaça real: centenas de milhares de ogivas nucleares apontadas para elas, prontas para atacar, ou mesmo uma única arma nuclear contrabandeada para dentro de uma cidade. Contudo, os disparos devem ser feitos por seres humanos, o que significa que, em última análise, a responsabilidade será sempre humana.

A única maneira de alcançar a paz duradoura encontra-se na confiança, no respeito, no amor e na bondade entre todas as pessoas. Não vejo nenhuma outra maneira. As tentativas de as potências globais dominarem umas às outras por meio da competição na produção de armamentos — sejam eles nucleares, químicos, biológicos ou convencionais — são contraproducentes. Como um mundo cheio de ódio e fúria pode alcançar a verdadeira paz?

A paz exterior é impossível sem a paz interior. É de grande nobreza trabalhar em prol de soluções externas, mas elas não podem ser implementadas com sucesso na medida em que a mente humana se mantiver repleta de ódio e rancor. É neste ponto que deve ter início uma mudança profunda. Individualmente, temos de trabalhar para transformar as perspectivas básicas das quais dependem nossos sentimentos, algo que só o treinamento pode nos ensinar a fazer, levando-nos ao engajamento numa prática cujo objetivo consiste em reorientar, de modo gradual, o modo como nos percebemos a nós mesmos e aos demais.

O estado desesperador de nosso mundo nos exorta à ação. Cada um de nós tem a responsabilidade de tentar ajudar, no nível mais profundo de nossa humanidade comum. Infelizmente, a humanidade é com demasiada frequência sacrificada em defesa de ideologias, o que é absolutamente errado. Na verdade, os sistemas políticos deveriam beneficiar os seres humanos, mas, assim como faz o dinheiro, eles podem nos controlar em vez de trabalhar em nosso favor.

Se, com um coração terno e paciente, pudermos levar em consideração os pontos de vista alheios e trocar ideias com serenidade, encontraremos pontos de concordância. Por amor e compaixão pela humanidade, temos a responsabilidade de buscar a harmonia entre as nações, ideologias, culturas, grupos étnicos e sistemas políticos e econômicos.

Quando reconhecermos sinceramente a unidade de toda a espécie humana, nossa motivação para encontrar a paz tornar-se-á muito mais forte. No sentido mais profundo, somos realmente irmãos, de modo que devemos compartilhar mutuamente nossos sofrimentos. O respeito mútuo, a confiança e o interesse pelo bem-estar de todos são o que há de melhor em nossa esperança de alcançar a paz mundial duradoura.

Sem dúvida, os líderes nacionais têm uma responsabilidade especial nessa área, mas cada pessoa também deve tomar a iniciativa, sejam quais forem suas crenças religiosas.

O simples fato de sermos humanos, buscarmos a felicidade e repelirmos o sofrimento já nos torna cidadãos deste planeta. Somos todos responsáveis pela criação de um futuro melhor.

Para alcançarmos uma atitude conciliadora, um coração caloroso, respeito pelos direitos dos outros e preocupação por seu bem-estar, devemos treinar nossa mente. O objetivo fundamental do treinamento da mente consiste em cultivar uma atitude de compaixão e serenidade — uma mentalidade particularmente crucial na sociedade humana atual, devido a sua capacidade de alcançar uma verdadeira harmonia entre nações, raças e pessoas de diversos sistemas religiosos, políticos e econômicos distintos. Com uma mente calma e compassiva, podemos desenvolver a vontade e o impulso para produzir a transformação.

Concordam comigo? Acham que minhas palavras não passam de disparates? Sou apenas um monge budista. O que estou dizendo provém de minha própria prática, que é limitada. Contudo, tento pôr essas ideias em prática todos os dias de minha vida, sobretudo quando tenho problemas a resolver. Claro está que nem sempre sou bem-sucedido. Há ocasiões em que fico irritado. Às vezes chego a falar uma palavra dura, mas, ao fazê-lo, sinto imediatamente que agi mal. Sinto-me assim porque interiorizei as práticas da compaixão e da sabedoria.

Quando eu tinha apenas 15 anos, os comunistas chineses invadiram o Tibete oriental e, um ano depois, o governo tibetano decidiu que eu deveria me encarregar dos assuntos de Estado do país. Foi um período difícil, durante o qual íamos perdendo nossa liberdade, e, em 1959, fui obrigado a fugir da capital durante a noite. Exilados na Índia, enfrentávamos problemas cotidianamente, os quais iam desde a necessidade de nos adaptarmos a um clima totalmente distinto até a necessidade de restabelecer nossas instituições culturais. Minha prática espiritual deu-me uma perspectiva que me permitiu seguir buscando soluções sem perder de vista o fato de que somos todos seres humanos desorientados por ideias errôneas e unidos por laços comuns, propensos a melhorar.

Isso me ensinou que as perspectivas da compaixão, da serenidade e do discernimento são essenciais à vida cotidiana e devem ser cultivadas em nosso dia a dia. Sempre haverá problemas, de modo que o cultivo da atitude certa é crucial. A raiva diminui nossa capacidade de distinguir o certo do errado, que é um dos mais altos atributos humanos. Se perdermos essa capacidade, estaremos igualmente perdidos. Às vezes é preciso responder com dureza, mas isso pode ser feito sem o recurso à raiva. A raiva não é necessária, não tem valor. A compaixão e a calma são as qualidades que viabilizam a constância da força de vontade.

Considero a compaixão como uma exigência universal. A paz de espírito trazida pela manutenção de uma perspectiva compassiva é uma necessidade fundamental para toda a humanidade. Para estudantes, políticos, engenheiros, cientistas, homens ou mulheres que trabalham em casa, médicos, professores, advogados — para todas as pessoas em cada etapa da vida —, uma motivação saudável e compassiva é a base de um desenvolvimento saudável.

Hoje, o povo tibetano é apreciado pela maioria das pessoas com as quais tem contato; dizem que temos bom caráter e que, apesar de submetidos a um estado de sofrimento impensável para os povos em geral, uma vez que uma invasão nos levou a perder nosso país, ainda assim somos um povo descontraído. Alguns pensam que assim é por ser essa, simplesmente, nossa maneira de ser, mas a maioria compreende que tal comportamento se deve a um modo de pensar, a uma predisposição a usar as circunstâncias adversas como motor do crescimento espiritual. Por esse motivo, não nos deixamos estressar, e nossa liberdade interior de angústia e aflição manifesta-se exteriormente em forma de ausência de perturbações. Isso se deve ao ensinamento da compaixão, que foi amplamente disseminada no Tibete.

Há uma grande vantagem em praticar o grau de compaixão que estiver ao nosso alcance. Também é muito importante ter o desejo de atuar de maneira mais compassiva no futuro. A compaixão e o amor são fundamentais para qualquer atividade, seja ela feita por políticos, empresários, assistentes sociais, cientistas, engenheiros etc. Se as pessoas fizerem seu trabalho com uma boa motivação, esse trabalho se transformará num instrumento em benefício do ser humano. Por outro lado, se elas não usarem sua profissão com essa motivação, mas por egoísmo ou com raiva, a profissão irá se deturpar. Em vez de trazer benefícios para a humanidade, o conhecimento adquirido com a profissão será a origem de mais e maiores desastres. Portanto, a compaixão é essencial.

Sei, por experiência própria, que é possível mudar as atitudes interiores e aperfeiçoar a mente humana. Embora ela seja incolor, amorfa e, às vezes, frágil, a mente humana pode tornar-se mais forte que o aço. Para treinar a mente, precisamos exercitar a paciência e a determinação necessárias para moldar esse aço. Se praticarmos o aperfeiçoamento de nossa mente com a força de vontade e a constância necessárias, e tentarmos, tentarmos e tentarmos, então pouco importarão as dificuldades que encontraremos de início, pois seremos bem-sucedidos. Com paciência, prática e tempo, as mudanças irão produzir-se. Não desanimem — tenham a coragem de pôr em prática tudo o que conseguirem.

• 2 •

Empatia
A Prática Básica

NOS TRÊS PRÓXIMOS CAPÍTULOS, farei algumas observações sobre o caminho espiritual do Budismo, que é a prática da empatia, da meditação e do conhecimento. A primeira, a empatia – bondade ou compaixão – constitui a base do Budismo. Conquanto todos tenham a mesma motivação do amor, da compaixão, bondade, tolerância e autodisciplina, há diversos métodos e filosofias entre os vários tipos de Budismo; no entanto, o objetivo fundamental deles é a ajuda a todos os seres sencientes. O Budismo é requintado, com muitos esclarecimentos de técnicas para o desenvolvimento, o treinamento e a prática da compaixão.

No início da prática espiritual, a essência principal é não prejudicar o próximo. Não praticar a violência, nem causar prejuízo aos demais; portanto, a compaixão é a abordagem básica. Em seguida, expandimos nossas perspectivas de modo a servir aos outros, a ajudar os outros, com base na coibição do egoísmo. A compaixão tornou-se mais amadurecida. A prática inicial da compaixão, quando nossas aptidões para ajudar os outros ainda não estiverem desenvolvidas, consiste em não prejudicar as pessoas; mas então, quando elas já estiverem desenvolvidas, devem ser direcionadas para ajudá-las. Em ambos os casos, portanto, o ensinamento básico é a compaixão.

Essencial para isso é o desenvolvimento interior, motivo pelo qual é muito importante saber produzi-lo. Há um "eu" que existe em dependência com a mente e o corpo, e que todos nós idealizamos intrinsecamente. Essa consciência do "eu" é uma concepção natural, inata e correta, e leva-nos à busca da felicidade e à rejeição do sofrimento. A conquista da felicidade é um direito natural, justificado e válido pelo simples fato de que a felicidade, e não o sofrimento, é o que desejamos por uma questão de natureza e merecimento.

Todos nós temos esse anseio pela felicidade e, com base nisso, todos temos, igualmente, o direito de conquistar a felicidade e eliminar o sofrimento. A partir daí, surge uma pergunta. Sou apenas uma pessoa única, ao passo que os outros são infinitos em número. Nossa condição é a mesma, no sentido de que todos querem a felicidade. A única diferença entre nós encontra-se na quantidade numérica — sou único, enquanto os outros são ilimitados. Eis, então, o problema que se coloca: Todos devem ser usados para minha conquista da felicidade, ou devo trabalhar para que os outros a conquistem?

É este, portanto, o método mais simples para gerar a compaixão:

> Visualize a si mesmo no meio, como uma pessoa neutra. À sua esquerda, visualize outros seres, pelo menos dez ou quinze, ou mesmo uma centena; imagine-os muito pobres, em condições de indigência. À sua direita, visualize a si mesmo novamente, mas desta vez como uma pessoa egoísta, muito orgulhosa, que nunca pensa no bem-estar de ninguém, a não ser no seu próprio. Na posição intermediária, você permanece como alguém que avalia. Tanto a pessoa egoísta à direita como o grupo de indigentes à esquerda querem ser felizes e rejeitam o sofrimento; ambos têm direito a ser felizes e a libertar-se do sofrimento. Que lado você escolheria, na sua condição de avaliador?

Esta é uma maneira de mudar nossa atitude para com os outros.

Outra maneira é refletir sobre o fato de que, para a natureza mesma da sociedade humana, é impossível que uma pessoa exista em total isolamento. Somos interdependentes por natureza e, como devemos viver juntos, por que não fazê-lo com uma atitude positiva, uma mente bem-intencionada?

Por que será que, em vez disso, odiamos uns aos outros e trazemos mais problemas para o mundo?

Das profundezas do nosso ser, precisamos ver o egocentrismo como uma grave imperfeição. Até o momento, o egoísmo e seu análogo, a ignorância, têm feito morada no centro de nosso coração. Seja como um micro-organismo ou um ser superior, o egoísmo já deu forma ao nosso ponto de vista, incitado pela ignorância, de modo que temos feito o máximo possível na busca de nossa felicidade. Contudo, a maioria dessas ações praticadas para nos tornar felizes nada mais fez do que gerar uma grande confusão.

Se examinarmos e refletirmos sobre os fatos correntes na situação mundial de nossos dias, veremos que o tipo de derrocada pelo qual o mundo vem passando deve-se ao egoísmo. Os problemas que nos afligem, provocados pelo egoísmo, não se restringem apenas ao nosso período de vida; na verdade, são algo em que já estamos mergulhados desde tempos imemoriais. Em seu *Guia do Estilo de Vida do Bodissatva – Um poema budista para os dias de hoje*, o sábio e yogue indiano Shantideva diz que precisamos examinar o tipo de lamaçal em que o egoísmo nos mergulhou e compará-lo com as maravilhosas qualidades e o estado grandioso de altruísmo que decorrem do fato de guardar os outros no nosso coração. Comparem-nos, e será muito fácil constatar qual deles é preferível.

Deste ponto de vista, esse tipo de reflexão é muito útil para a sociedade atual, particularmente quando existe o perigo dos problemas humanos de inquietação, violência, terrorismo e guerra, pois, em tais circunstâncias, a força da compaixão, a força do amor e da bondade são essenciais. A harmonia e a amizade de que precisamos em nossas famílias, escolas, comunidades, nas nações e no mundo só podem ser alcançadas por meio da compaixão e da bondade. Ajudando-nos mutuamente com consideração e respeito, poderemos resolver muitos problemas com grande facilidade. A harmonia não pode florescer num clima de desconfiança, impostura, intimidação e rivalidades em que os mais fortes tentem submeter os mais fracos mediante situações de torpeza e degradação.

Na melhor das hipóteses, o sucesso por meio da intimidação e violência é passageiro; seus ganhos triviais só criam novos problemas. É por isso que apenas algumas décadas depois da imensa tragédia humana da Primeira Guerra Mundial, seguiu-se a Segunda Guerra Mundial, na qual outros milhões de pessoas foram mortos. Depois disso, presenciamos a eclosão regular de novos conflitos, um após o outro, até que, neste novo milênio, o mundo vem sendo assolado por carnificinas intermináveis. Se examinarmos nossa longa história de manifestações de ódio e fúria, constataremos a necessidade óbvia de encontrar novos caminhos. Só poderemos resolver nossos problemas por meios verdadeiramente pacíficos — não apenas por meio de palavras que nos falem de paz, mas de mentalidades e corações verdadeiramente pacíficos. É desse modo que poderemos ter um mundo melhor.

Contudo, será isso possível? Lutas, imposturas e intimidações nos levaram a um beco aparentemente sem saída, agravado pelas inovações tecnológicas; hoje, se quisermos encontrar uma saída, precisaremos aprender todo um arsenal de novas práticas. Pode parecer impraticável e idealista, mas não temos nenhuma alternativa à compaixão, ao reconhecimento do valor do ser humano e da unidade de todos os seres humanos: esta é a única maneira de alcançar a felicidade duradoura. A compaixão concentra-se na preocupação com os outros e leva à disposição de ajudar segundo nossa capacidade.

Viajo de um país para outro com esse senso de unidade. Como treinei minha mente por décadas, não encontro barreiras quando entro em contato com pessoas de diferentes culturas. Estou convencido de que, apesar das diferentes culturas e dos diferentes sistemas políticos e econômicos, somos todos basicamente os mesmos. Quanto maior o número de pessoas que conheço, maior se torna minha convicção de que a unidade dos seres humanos, fundamentada na compreensão e no respeito, constitui uma base realista e viável para nossa conduta.

Onde quer que eu vá, é sobre isso que falo. Acredito que a prática da compaixão e do amor — um sentimento verdadeiro de fraternidade — é a religião universal. Pouco importa se você é budista ou cristão, hinduísta, muçulmano ou judeu, ou se não tem uma religião específica. O que importa é o sentimento de união com a humanidade.

• 3 •

Meditação
Canalizando a Força da Mente

A MEDITAÇÃO É NECESSÁRIA para o desenvolvimento de qualidades espirituais como o amor, a compaixão e o altruísmo em sua plenitude. No momento, nossa mente está demasiado dispersa, e, por estar assim, sua força encontra-se limitada. Se a canalizarmos, porém, ela se tornará forte como a água canalizada. Assim, um tipo de meditação tem por finalidade um repouso da mente em seu estado natural, enquanto o outro tipo destina-se à busca de intuições especiais que nos permitam investigar a natureza da realidade. Comecemos pelo primeiro tipo.

Se não nos concentrarmos em algo em que a mente se mantenha imutavelmente estável e clara, a faculdade da sabedoria não será capaz de conhecer seu objeto exatamente como ele é, em todas as suas sutilezas. Portanto, a concentração é imprescindível. Na prática da concentração, os dois grandes fatores desfavoráveis que impedem seu desenvolvimento são a lassidão e o arrebatamento; como antídotos, precisamos da atenção plena e da introspecção.

Para descrever em poucas palavras como os dois podem ser alcançados: Quando meditamos, em primeiro lugar há um objeto de observação que tanto pode ser um objeto externo como a própria mente. Quando esta última é considerada como o objeto de observação, a prática é mais profunda.

Em termos de postura, sentem-se com as pernas totalmente cruzadas, ou mesmo semiflexionadas. Use uma almofada para que suas nádegas fiquem mais altas — o efeito será que, a despeito da quantidade de meditação praticada, você não ficará cansado. Sua coluna vertebral deve ficar esticada como uma flecha; seu pescoço deve curvar-se um pouquinho para baixo; olhe para a frente, tomando o nariz como ponto de mira; toque o céu da boca com a língua; deixe os lábios e dentes na posição habitual, e afrouxe um pouco os braços, sem forçá-los contra o corpo. Coloque as mãos na posição de postura meditativa — a mão esquerda sob a direita e os dois polegares tocando-se, criando um triângulo cuja base fica a uma distância aproximada de quatro dedos abaixo do umbigo.

Se sua mente estiver envolvida em desejo ou ódio, é preciso pôr em prática uma técnica que a liberte dessa perturbação. A meditação baseada na inalação e exalação da respiração, contando-se até 21, é o meio fundamental para fazê-lo. Uma vez que a mente não pode ter dois modos de apreensão simultaneamente, essa meditação produz o desvanecimento da perturbação anterior. É preciso então criar uma motivação virtuosa — em que predominem sobretudo a compaixão, o altruísmo e o desejo de ajudar os outros.

Para concentrar-se na mente em si, não a deixe pensar no que aconteceu no passado nem ficar tentando descobrir o que pode acontecer no futuro; ao contrário, deixe que ela permaneça clara, sem quaisquer elaborações, exatamente como ela é. Ao ficar assim, você entenderá que a mente, como um espelho, é de tal ordem que qualquer objeto ou concepção é capaz de surgir nela em determinadas circunstâncias, como reflexos, pois a entidade da mente tem uma natureza de mera luminosidade e conhecimento, mera experiência.

De acordo com uma ideia budista básica, a mente é essencialmente luminosa e conhecedora. Portanto, os problemas emocionais não habitam a essência da mente; as atitudes contraproducentes são temporárias e superficiais, e é possível eliminá-las. Se as emoções destrutivas como a raiva fizessem parte da natureza da mente, ocorreria que, desde seu começo, ela deveria estar sempre em estado raivoso. É evidente que as coisas não são assim. Só em certas circunstâncias ficamos com raiva e, quando essas circunstâncias não estão presentes, a mesma ausência se verifica em relação à raiva.

Quais são as circunstâncias que servem de fundamento para gerar a raiva ou o ódio? Quando ficamos zangados, o objeto de nossa raiva parece mais terrível do que é na realidade. Ficamos com raiva porque uma pessoa prejudicou, está prejudicando ou vai prejudicar a mim ou a um de meus amigos.

O que é esse "eu" que está sendo prejudicado?

Sentimos que tanto o sujeito, o "eu", quanto o objeto, o inimigo, são sólidos e independentes. A raiva aparece quando aceitamos que essas aparências têm uma realidade permanente. Contudo, se ao primeiro sinal de raiva recorrermos à razão para examinar

> "Quem sou eu? Quem é essa pessoa que está sendo prejudicada?
> Quem é o inimigo? O inimigo é o corpo? Ou será a mente?",

esse inimigo de existência concreta, que há pouco parecia ter sido intrinsecamente criado como uma coisa capaz de provocar a raiva, e esse "eu", que foi intrinsecamente criado para ser prejudicado, parecem desparecer. E a raiva vai-se embora.

Pense nisso. Ficamos com raiva daquilo que frustra nossos desejos. A raiva é fomentada pela ideia equivocada de que o objeto e você mesmo são constituídos dessa maneira, como inimigo e vítima, em si mesmos e por si mesmos. O ódio não faz parte do fundamento da mente. É uma atitude que não tem uma fundamentação válida.

O amor, contudo, é genuinamente fundamentado na verdade. Quando, depois de um longo período, uma atitude que tenha um fundamento genuíno compete com outra que não o tem, aquela dotada de fundamentação genuína irá sobrepujar a outra. Assim, as qualidades que dependem da mente podem ser ampliadas indefinidamente, e, à medida que você intensifica atitudes que se opõem às emoções estressantes, a atitude oposta e desfavorável perde força até chegar, finalmente, à extinção total. Uma vez que a mente tem uma natureza essencial de luminosidade e sabedoria, todos nós dispomos do equipamento necessário para alcançar a iluminação.

Identificando a Mente

Cerca de vinte anos atrás, quando eu estava em Ladakh, na Índia, fazendo uma série de meditações, tinha uma estátua do Buda Shakyamuni diante de mim, um hábito que mantenho até hoje. A folha dourada no coração da estátua já havia se desgastado com o tempo, o que fez com que essa área tivesse adquirido uma cor acastanhada. Olhando para o coração da estátua, que perdera sua cor atraente, e ao ficar atento a minha mente, meu pensamento a certa altura deixou de fluir e, por um breve período, eu senti a natureza luminosa e sábia de minha mente. A experiência sempre retornava quando, posteriormente, eu a trazia à lembrança.

Na prática cotidiana, é muito útil identificar a natureza da mente e concentrar-se nela. No entanto, é difícil apreendê-la, uma vez que ela permanece oculta sob nossos pensamentos dispersos. Como técnica para identificar a natureza básica da mente, primeiro pare de se lembrar do que aconteceu no passado, depois pare de pensar no que pode acontecer no futuro — deixe a mente fluir por sua livre vontade, sem sua cobertura de pensamentos. Deixe a mente descansar em seu estado natural e observe-a por algum tempo.

Por exemplo: ao ouvir um ruído, entre o momento de ouvi-lo e o de conceitualizar sua fonte, você pode perceber um estado mental que, apesar de vazio de pensamentos, não está adormecido. Nesse estado mental, o objeto é um reflexo da luminosidade e do conhecimento da mente. Nesse momento, é possível apreender a natureza básica da mente. No começo, quando você ainda não estiver acostumado com essa prática, tudo será muito difícil, mas, com o tempo, a mente aparecerá como água límpida. Tente permanecer nesse estado mental sem se deixar perturbar por pensamentos conceptuais. Faça disso um hábito.

Pratique essa meditação ao amanhecer, quando sua mente despertou e estiver clara, mas seus sentidos ainda não estiverem em plena operação. O ideal é não comer em excesso na noite anterior, nem dormir demais — seu sono será mais superficial, o que tornará a mente mais leve e ativa na manhã seguinte. Se você comer demais, seu sono poderá ser profundo e pesado, deixando-o quase como um cadáver. Em minha rotina diária, meu café da manhã e meu almoço são fartos o bastante para me deixar saciado, mas como bem pouco à noite — menos de meia xícara de bolachas —, vou dormir bem cedo e levanto-me às três e meia da manhã para começar a meditar.

Verifique se o fato de permanecer atento à natureza de sua mente no começo da manhã irá deixá-la mais ativa durante o dia. Com certeza, seus pensamentos estarão mais tranquilos.

Se você conseguir fazer um pouco de meditação todos os dias, afastando-se da dispersão da mente, sua memória ficará melhor. A mente conceitual, que não para de pensar em coisas boas, coisas ruins etc., terá um período de descanso. Um pouco de não conceitualismo pode lhe oferecer aquelas férias tão necessárias.

Técnica

1. Não pense sobre o que aconteceu no passado, nem no que pode acontecer no futuro.

2. Deixe a mente fluir por iniciativa própria, sem pensamentos.
3. Observe a natureza da claridade luminosa da mente.
4. Permaneça nessa experiência por algum tempo.

Você pode praticar isso inclusive enquanto ainda está deitado de manhã, com sua mente desperta mas seus sentidos ainda não totalmente ativos.

Quando você identificar a natureza da mente como mera luminosidade e conhecimento, apegue-se a essa experiência — a mera luminosidade e o conhecimento — e permaneça com ela por meio da atenção plena (*mindfulness*) e da introspecção.

Esse é o modo de usar a própria mente como um objeto de observação no processo de chegar à meditação concentrada. Se, em vez da mente, você usar um objeto de observação externo, como o corpo do Buda, ou o deus de sabedoria Manjushri, dê inicialmente uma boa olhada a uma imagem bem elaborada, e depois visualize-a mentalmente, fazendo com que uma imagem interior dela apareça na mente. Quer o objeto de observação seja interno — a mente —, quer externo, como o corpo do Buda, uma vez que você o tenha localizado mentalmente, faça com que sua mente permaneça voltada para ele de modo vívido.

• 4 •

Conhecimento
O Objetivo da Concentração

QUAL É O OBJETIVO de alcançar essa atenção concentrada? Não se trata simplesmente de obter uma mente com altos níveis de concentração ao suprimir temporariamente emoções destrutivas de natureza claramente inferior. Ao contrário, o objetivo da estabilização meditativa é servir como base para alcançar um *insight* supramundano especial que dê concretude à ausência de um "eu", ao vazio de existência intrínseca, mediante o qual as emoções destrutivas possam ser eliminadas totalmente e para sempre.

A razão para cultivar uma sabedoria que nos dê consciência concreta do vazio de existência intrínseca é que, mesmo que você tenha a concentração, ela não conseguirá eliminar a concepção equivocada de que os objetos existem em e por si próprios. Uma união de concentração e sabedoria torna-se necessária.

Para gerar a sabedoria que lhe dá a percepção da ausência de um "eu" em seu contínuo mental, é necessário compreender o significado do vazio. Embora a meditação sobre a fé faça com que a fé seja cultivada no sentido de levar a mente a se tornar fiel, de ser transformada numa entidade de fé, a meditação sobre a ausência de um "eu" faz com que essa ausência, esse vazio, seja tomada como um *objeto* de meditação, como o objeto de sua mente. Para tanto, é preciso saber o significado da ausência de um "eu" inerente e do vazio.

Como fica claro na obra *Tratado Fundamental sobre o Caminho do Meio*, de Nagarjuna, não se diz que os fenômenos são vazios pelo fato de serem inexistentes ou incapazes de desempenhar funções. Ao contrário, todos os fenômenos são vazios porque são dependentes; são aquilo que, na filosofia budista, chamamos de "surgimentos interdependentes". Nagarjuna não afirmou que o motivo de os fenômenos serem vazios esteja no fato de serem incapazes de eficiência, mas, ao contrário, que eles são surgimentos interdependentes. A partir dessa afirmação, pode-se entender que o vazio se refere ao surgimento interdependente.

Uma vez que todas as coisas são interdependentes entre si, não há nada que seja estabelecido de maneira independente. Está claro que a independência e a dependência são mutuamente exclusivas, constituindo uma dicotomia; assim, uma vez que se constata que as coisas são interdependentes entre si, fica claro, em definitivo, que não são independentes. A independência, a não dependência dos outros — isto é, o fato de algo colocar-se sob o próprio poder — é o que se chama de "eu" no Budismo; como esse "eu" não existe, falamos em "ausência de eu".

Segundo a mais conceituada escola de filosofia budista, que incorpora o pensamento de Nagarjuna exatamente como ele é, existem dois tipos de ausência de "eu": a ausência de "eu" das pessoas e a ausência de "eu" dos outros fenômenos. Essa classificação se faz segundo os substratos — pessoas e outros fenômenos — que não possuem um "eu" nem uma existência independente, e não em razão de uma diferença qualquer entre os vazios de ambos. Tanto as pessoas como os outros fenômenos carecem de existência independente, o que significa que não existem por seus próprios méritos, por sua própria posição ou atitude, sem depender de outros fatores, como as causas e condições de seus próprios elementos constituintes.

Para determinar o sentido da ausência de "eu", em geral você deve praticar a meditação analítica, fazendo uma análise reflexiva com o raciocínio. É por esse motivo que o livro *Tratado Fundamental sobre o Caminho do Meio*, de Nagarjuna, apresenta muitas argumentações, todas com o objetivo de provar a partir de diversos pontos de vista que todos os fenômenos são vazios de poder próprio, vazios de existência inerente, a fim de que você possa utilizar esses raciocínios na meditação.

No capítulo sobre *As Perguntas de Kashyapa* do *Sutra do Grande Acúmulo de Tesouros*, lemos que as formas não são vazias em razão da existência de um vazio; são assim devido ao fato de serem vazias em si. Portanto, o vazio não significa que um fenômeno é vazio de algum outro objeto, mas que é vazio de existência própria ou existência intrínseca – de uma ideia exagerada de existência que acrescentamos por nossa própria conta à existência real dos fenômenos. Ou seja, os objetos são vazios dessa condição exagerada, dessa reificação grandiloquente que sobrepomos aos fenômenos.

Começar Por Si Próprio

Tendo em vista que é a própria pessoa que vivencia o prazer e a dor, cria problemas e acumula karma — tendo em vista que todo barulho e confusão são criados pelo Eu —, a análise deve começar por você mesmo. Então, quando você entender que carece dessa condição exagerada, poderá levar esse entendimento até as coisas que aprecia, que utiliza e que acontecem com você. Nesse sentido, a pessoa é o principal sujeito de análise.

Você consegue se lembrar de alguma vez em que fez algo errado e pensou, "Realmente fiz uma grande trapalhada"? Naquele momento, seu senso de "eu" parece ter sua própria entidade concreta, que não é nem mente nem corpo, mas alguma coisa que surge com muito mais força, não é verdade?

Ou lembre-se de uma ocasião em que fez algo maravilhoso, ou em que alguma coisa realmente boa lhe aconteceu, e você ficou muito orgulhoso por tudo isso. Esse "eu" que foi tão valorizado, tão acalentado, tão apreciado, e foi o objeto desse orgulho, apareceu também de maneira concreta e com intensa clareza.

Em ocasiões como essa, sua percepção do "eu" é particularmente óbvia. Uma vez que tenha nas mãos uma manifestação tão ostensiva do "eu", você pode fazer com que essa forte percepção apareça em sua mente e, sem deixar que tal apresentação perca sua força, pode examinar, como se o fizesse a partir de um ponto distante, se ela realmente existe com a solidez que aparenta ter.

Mesmo na percepção sensorial, os fenômenos parecem falsamente sólidos e concretos devido a falhas em nossa mente e, por causa dessa falsa aparência, somos automaticamente levados a conceber que esses fenômenos têm sua própria linha demarcatória e existem por si sós. Isso se parece com o modo como aceitamos as falsas aparências nos sonhos. Uma aparência infundada é tida como verdadeira, e em seguida acrescentamos-lhe muitos outros atributos por meio de pensamentos inadequados e contraproducentes, criando uma confusão de emoções destrutivas.

Até agora, o egoísmo e sua parceira, a ignorância, têm feito morada no centro do seu coração. Apesar de atraí-lo para os mais variados tipos de ação numa tentativa de levá--lo à felicidade, essas atitudes criaram muitos problemas. A partir dos recessos mais profundos do seu ser, você precisa aprender a ver o egocentrismo como um defeito. Chegou a hora de deixar o egoísmo para trás e assumir o altruísmo, de deixar a ignorância para trás e assumir a sabedoria que lhe dá plena consciência de que o "eu" é algo que não existe.

O Progresso Rumo à Iluminação

Ao contemplar dessa maneira o sentido do vazio, você fará progressos graduais ao longo dos caminhos. A progressão é indicada no mantra do *Sutra do Coração da Sabedoria*:

TADYATHA GATE GATE PARAGATE PARASAMGATE BODHI SVAHA. Esse mantra em sânscrito pode ser assim traduzido "Assim é: Vá, vá, vá mais além, vá totalmente além, crie raízes na Iluminação".

Quem está avançando? É o "eu" concebido em situação de dependência em relação ao contínuo da mente. Do que você está se distanciando ao avançar? Está se afastando da existência cíclica, aquele estado de ser sob a influência de ações contaminadas e emoções contraproducentes. Para onde o leva seu caminho? Você está se dirigindo para a condição de Buda, que é dotada de um corpo da verdade, para sempre livre do sofrimento e das fontes do sofrimento (emoções destrutivas), bem como das predisposições criadas pelas emoções destrutivas. De que causas e de que condição você depende à medida que segue seu caminho? Você está avançando na dependência de um caminho que é uma união da compaixão com a sabedoria.

O Buda está dizendo aos aprendizes para irem à outra margem. Do ponto de vista do aprendiz, a existência cíclica está deste lado, bem aqui. Na outra margem, um lugar distante, está o Nirvana — o estado de já ter deixado o sofrimento para trás.

Quando o Buda diz "TADYATHA GATE GATE PARAGATE PARASAMGATE BODHI SVAHA", ele está orientando os aprendizes a seguirem os cinco caminhos:

GATE: o Caminho da Acumulação.
GATE: o Caminho da Preparação.
PARAGATE: o Caminho da Visão.
PARASAMGATE: o Caminho da Meditação.
BODHI SVAHA: o Caminho do Abandono do Aprendizado.

Vamos agora identificar a natureza do avanço espiritual oferecido por esses cinco caminhos:

1. O que é o caminho inicial, o *Caminho da Acumulação*? É aquele período em que você pratica principalmente a motivação voltada para as outras pessoas e, dessa maneira, acumula grandes reservas de mérito. Além disso, embora esteja praticando uma união entre motivação e sabedoria, sua percepção do vazio não alcançou o nível em que a meditação estabilizadora e a meditação analítica dão apoio uma à outra, chamado "um estado que surge da meditação". Nesse caminho, você alcança uma meditação poderosamente concentrada e trabalha em prol de um estado que surge da meditação com consciência do vazio. Durante esse caminho e o seguinte, você descobre o vazio à maneira de uma aparência dualística de sabedoria e do vazio assim percebido.

2. Quando alcança um estado de sabedoria decorrente da meditação que o faz perceber o vazio, você passa para o *Caminho da Preparação*. Ao familiarizar-se cada vez mais com esse estado, juntamente com o cultivo da motivação compassiva, você perceberá com clareza cada vez maior o surgimento do vazio nos quatro níveis do Caminho da Preparação (calor, clímax, longanimidade e qualidades mundanas do mais alto nível).

3. Por fim, o vazio é percebido diretamente, sem nem mesmo uma contaminação sutil da aparência de dualidade, que já se desvaneceu. Esse é o começo do *Caminho da Visão* — o cami-

nho da realização direta inicial da verdade acerca da natureza profunda dos fenômenos, extrapolando o nível mundano para chegar ao nível supramundano do Caminho da Visão, em que a aparência de dualidade deixou de existir. No Grande Veículo, é a essa altura que começam os dez níveis dos *bodhisattvas* (chamados de "solos", porque é neles que começam a ser engendradas certas qualidades espirituais especiais, como as plantas que brotam da terra). Durante o Caminho da Visão e o Caminho da Meditação, são superados dois tipos de obstruções, respectivamente as intelectualmente adquiridas e as inatas. Os estados mentais intelectualmente adquiridos surgem pela adesão a falsos sistemas. Por exemplo, há seguidores de algumas escolas budistas que acreditam que os fenômenos existem convencionalmente por conta de seu próprio caráter, baseados no "raciocínio" infundado de que, se os fenômenos não fossem assim, não poderiam funcionar. Esse tipo de equívoco, poluído por um sistema inválido de dogmas, é chamado de artificial ou intelectualmente adquirido. Mesmo que você não tenha acumulado quaisquer novas predisposições por meio do pensamento conceitual neste período de vida, todos têm, em seu contínuo mental, predisposições estabelecidas mediante a adesão a concepções erradas em vidas passadas. Por outro lado, estados mentais inatos defeituosos existiram em todos os seres sencientes — de insetos a seres humanos — desde tempos imemoriais, e operam por si próprios, sem depender de escritos doutrinários e raciocínios equivocados.

4. As obstruções intelectualmente adquiridas, ou artificiais, são eliminadas mediante o Caminho da Visão, enquanto as obstruções inatas são mais difíceis de superar, uma vez que você foi condicionado por esses estados mentais equivocados desde a noite dos tempos. Eles devem ser eliminados por uma meditação contínua sobre o significado do vazio que foi visto pela primeira vez no Caminho da Visão. Como essa meditação deve ser feita repetidamente por um longo período de tempo, essa fase do caminho é chamada de *Caminho da Meditação*. Na verdade, você já meditou sobre o vazio, mas o caminho da meditação se refere a um caminho de prolongada familiarização.

Nesse nível, você atravessa os nove solos dos *bodhisattvas* remanescentes. Dentre os dez solos, os sete primeiros são chamados de "impuros" e os três últimos de "puros". Isso acontece porque, nos sete primeiros solos, você ainda está no processo de eliminar as obstruções destrutivas, de tal modo que, ao longo da primeira parte do oitavo solo, encontra-se ainda eliminando as emoções destrutivas. O equilíbrio do oitavo solo, seguido pelo nono e o décimo solos, capacitam-no a superar as obstruções à onisciência.

5. Agora, usando a meditação concentrada, semelhante ao diamante, alcançada no final dos dez solos dos *bodhisattvas* — a culminação de quem ainda tinha obstruções a ser superadas —, você se torna realmente capaz de eliminar os mais sutis obstáculos à onisciência. O momento seguinte de sua mente torna-se uma consciência onisciente e, simultaneamente, a natureza profunda da mente converte-se no corpo natural de um Buda. Este é o quinto e último caminho, o *Caminho do Abandono do Aprendizado*. A partir do vento ou energia mais sutil — que constitui uma só entidade junto com essa mente —, diversas formas físicas, puras e impuras, manifestam-se espontaneamente para ajudar os seres sencientes; são chamadas de *corpos de forma* de um Buda. Essa é a condição de Buda: um estado que se caracteriza por ser uma fonte de ajuda e felicidade para todos os seres sencientes.

Esta é uma breve explicação do vazio, o objeto a respeito do qual um praticante desenvolve pela primeira vez a sabedoria decorrente da audição, depois a coteja com a sabedoria decorrente do pensamento e, por último, mediante a meditação sobre ele, segue em frente e passando pelos estágios do caminho. Portanto, para desenvolver a sabedoria até alcançar estados cada vez mais elevados, é preciso treinar. Não obstante, devido ao treinamento feito em vidas anteriores, há vários níveis de sabedoria que as pessoas trazem para sua vida atual.

Qualidades da Condição de Buda

As qualidades de um Buda são descritas como diferentes "corpos" que podem ser divididos em dois tipos gerais:

- O corpo da verdade ou corpo de atributos, para a realização de seu próprio bem-estar.
- Os corpos de forma, para a realização do bem-estar dos outros.

Os corpos de forma, por sua vez, podem ser classificados segundo o modo como aparecem aos seres em diferentes níveis de pureza e impureza. Discípulos extremamente avançados podem acessar o completo corpo de fruição, enquanto outros níveis de discípulos experimentam uma grande variedade de corpos de emanação. O corpo da verdade também pode ser dividido em dois tipos: o corpo de natureza e o corpo da verdade de sabedoria incorrupta. O corpo de natureza pode ser ainda subdividido em dois estados: um de purificação natural e outro de purificação adventícia, ou causada.

A condição de Buda é alcançada pelo cultivo unificado tanto da motivação como da sabedoria, as quais, não obstante, deixam suas marcas respectivas nesse estado supremo. O resultado de se cultivar uma motivação altruísta são os corpos de forma de um Buda, que existem com a finalidade de satisfazer o bem-estar das outras pessoas. A marca do cultivo da sabedoria é o corpo da verdade de um Buda, que constitui a satisfação do desenvolvimento da própria pessoa que alcança aquele estado.

Quais são as formas principais de motivação e sabedoria? A motivação fundamental é uma intenção dirigida a outrem a fim de torná-lo iluminado, inspirada pelo amor e pela compaixão e inspiradora da prática de feitos magnânimos como, por exemplo, a generosidade, a moral e a paciência. A principal forma de sabedoria é uma consciência inteligente que percebe o vazio de existência inerente.

O resultado de tudo isso é que um Buda é capaz de aparecer espontaneamente, sem esforço, de qualquer maneira que seja apropriada. A forma dessas aparências é criada pelas necessidades dos outros e não em vista desse Buda. Do ponto de vista de um Buda, a condição de Buda se caracteriza pela satisfação total do corpo da verdade, onde ele ou ela permanece para sempre.

As elevadas qualidades do fruto do caminho, a condição de Buda, como os dez poderes e os quatro destemores, estão todas substancialmente presentes na mente de diamante; sua manifestação só é impedida pela presença de condições desfavoráveis. A condição de Buda é notoriamente dotada dos dez poderes:

1. Conhecimento das causas e efeitos, tanto impuros quanto puros.

2. Conhecimento da fruição das ações.
3. Conhecimento do alto e do baixo — isto é, conhecimento dos que são superiores e dos que são inferiores, ou dos que têm fé e dos que têm penosas aflições, e assim por diante.
4. Conhecimento das variedades das disposições.
5. Conhecimento das variedades de interesses dos praticantes pelas diferentes técnicas de treinamento.
6. Conhecimento dos caminhos que levam aos tipos de existência cíclica e os que levam aos tipos de Iluminação.
7. Conhecimento das variedades de estados meditativos e conhecimento das aflições dos outros, bem como dos estados em que não há contaminação.
8. Conhecimento pleno das próprias vidas anteriores e das vidas anteriores das outras pessoas.
9. Conhecimento dos nascimentos e mortes próprios e daqueles das outras pessoas.
10. Conhecimento da extinção de todas as contaminações.

Da mesma maneira, a condição de Buda é dotada dos quatro destemores:

Destemor com relação à afirmação de que sou total e perfeitamente Iluminado no que diz respeito a todos os fenômenos.

Destemor de ensinar que as aflições da luxúria, do ódio e da ignorância são obstáculos ao conhecimento simultâneo de todos os fenômenos, e que, portanto, devem ser eliminadas.

Destemor de ensinar os caminhos da libertação.

Destemor de afirmar que eliminou as contaminações.

Como somos essencialmente dotados de tais qualidades, afirma-se que somos Iluminados desde o princípio, dotados de uma mente básica perfeitamente boa.

Este é um breve resumo do caminho budista em termos gerais. Voltemo-nos agora para o poema inspirado e seus conselhos especiais.

SEGUNDA PARTE

Introdução à Grande Completude

• 5 •

O Princípio Fundamental Comum a Todas as Ordens do Budismo Tibetano

TENHO GRANDE interesse pela afirmação de muitos sábios, em todas as ordens do Budismo Tibetano, de que os quais seus sistemas se reduzem ao mesmo princípio final, e sinto que isso é o que eu quero e devo explicar. Uma análise dessas pode ser controversa, mas, seja como for, esses grandes yogues-sábios dizem que todos esses sistemas se reduzem ao mesmo *insight* básico, ao mesmo princípio, porque realmente há uma experiência básica final a que todos chegam. Eles jamais diriam isso somente por educação.

Uma vez que tal ponto de convergência existe, o que ele é? Tenho perseguido essa questão com grande interesse, tentando encontrar esse lugar fundamental de entendimento e experiência. Cada um desses sistemas usa uma terminologia diferente que tem sua potência específica para ajudar as pessoas a entender aspectos peculiares, mas, quando nos deparamos com a terminologia variável, temos de considerar o contexto, o significado especial e os referentes intencionados dos termos particulares desses sistemas, sem porém perder de vista o princípio básico.

Nos textos que a Índia nos legou, o princípio básico é às vezes chamado de "mente inata fundamental de clara luz" e "sabedoria inata fundamental de clara luz" — duas expressões que têm o mesmo significado. Em outros textos, é chamado de "diamante-de-espaço que perpassa toda a extensão" e, em outros ainda, os autores o chamam de "mente preciosa", como, por exemplo, quando se diz "Separados da mente preciosa, não existe nenhum Buda e nenhum ser senciente".

Além disso, em alguns textos tibetanos, o princípio básico é chamado de "consciência ordinária" e "consciência mais profunda". Esses termos são usados quando se fala da liberdade em relação ao pensamento, a qual é descrita, do ponto de vista da psicologia e da experiência subjetiva, como "autolibertação", "libertação desnuda" e "discernimento desimpedido" discutiremos essas questões mais adiante. Considera-se que a consciência mais profunda seja a base do surgimento de todo o ciclo de sofrimento (chamado de "existência cíclica") e também a base da libertação (chamada "nirvana"). Sem exceção, tudo é completo no contínuo da consciência mais profunda.

Afirma-se, inclusive, que ela "surge naturalmente", uma vez que sempre foi e sempre será.

Quando reduzidos a sua essência, os fenômenos da existência cíclica e do Nirvana não são recém-produzidos por causas e condições, mas integralmente completos dentro da natureza da consciência mais profunda primordial, que surge naturalmente; tudo está contido em sua esfera e em seu âmbito. Na extremidade inferior, a base do surgimento de todos os fenômenos do mundo do sofrimento é essa mente de diamante de clara luz; e também na extremidade superior, a base do raiar de todos os fenômenos puros de libertação é simplesmente encontrar essa consciência mais profunda, também chamada de "mente de diamante de clara luz".

Este é um tema digno de exploração para aumentar nossa paz interior, abrindo nossa mente para além de fluxo de pensamentos habitual; devemos atentar para esta questão com o objetivo de criar mais paz com nossos semelhantes e com o mundo em geral.

A Consciência mais Profunda Permeia Todo Tipo de Consciência

Seja qual for o tipo de consciência que venhamos a examinar, ele estará impregnado pela clara luz da consciência mais profunda. O gelo, mesmo quando é sólido e muito duro, não vai além da natureza da água. Do mesmo modo, por mais grosseiras, inflexíveis ou reles que as concepções possam ser, seu lugar de origem e o lugar onde irão se desvanecer ao deixarem de ser objeto de nossos pensamentos não irá além da consciência mais profunda.

A consciência conceitual surge de *dentro* da esfera da consciência mais profunda e finalmente desaparece nessa mesma esfera. Como afirma o yogue-sábio Dodrubchen Jigme Tenpe Nyima, da Escola da Velha Tradução (tib. Nyingma) dos primórdios do século XX, assim como o óleo impregna a totalidade das sementes de gergelim, assim também a clara luz impregna a totalidade da consciência. Ele conclui que, mesmo na fase da manifestação dos níveis mais grosseiros da mente — tanto durante o raciocínio quanto durante a operação das consciências sensoriais associadas ao olho, ouvido, nariz, língua e corpo —, é possível identificar, por meio das bênçãos legitimadoras e das instruções de máximo refinamento e pureza de um lama, uma característica sutil da clara luz — atributo esse que impregna cada uma dessas consciências.

Praticar o Caminho Agora

Como podemos introduzir a consciência mais profunda no caminho espiritual agora mesmo? Isso pode ser feito mediante a apresentação e identificação — no nível da experiência direta — da clara luz que impregna todos os tipos de consciências e a meditação concentrada sobre ela, mediante o direcionamento da atenção a ela sem pensamento nem conceitualização.

Em seguida, quando a clara luz se tornar cada vez mais profunda, os pensamentos de natureza obtusa diminuirão cada vez mais. Esse é o motivo pelo qual essa prática é chamada de "o caminho essencial por meio de cujo conhecimento todos os estados são libertados". Ao adquirirmos o conhecimento dessa única consciência mais profunda em nossa experiência, estaremos livres de todos os tipos de situações tensas.

Para identificar a consciência mais profunda, a parte mais difícil consiste em fazer a distinção entre essa consciência mais profunda (tib. *rig pa* tibetano) e a mente (tib. *sems*). É fácil falar sobre essa diferença, dizer "A consciência mais profunda nunca foi contaminada pelo erro, enquanto a mente está sempre sob a influência da conceitualização e poluída por pensamentos equivocados". Isso é fácil de dizer, mas é difícil de perceber verdadeiramente em nosso contínuo mental. Dodrubchen disse que, embora possamos fantasiar que estamos meditando na esfera da consciência mais profunda, há um risco de que, na verdade, estamos simplesmente mantendo a concentração na natureza clara e cognitiva de uma mente mais superficial, e que, por isso, devemos ter cuidado. É útil dedicar-se à segunda operação, mas ela não é tão profunda.

Neste livro, exploraremos as maneiras possíveis de nos colocarmos no âmago da consciência mais profunda. Para fazê-lo, examinaremos um texto da Escola da Velha Tradução do Budismo Tibetano. É provável que, do ponto de vista psicológico e espiritual, você ache esse exame eletrizante.

• 6 •

A Mente Inata de Clara Luz

A Escola da Velha Tradução do Budismo Tibetano apresenta uma série de estilos de práticas às quais se refere como "veículos". Entre elas, o veículo da Grande Completude é o auge de todos os veículos, ao passo que os outros seriam sistemas criados em níveis inferiores de prática. A propósito da divisão entre mente e consciência mais profunda que mencionei há pouco, esses níveis inferiores são exercitados por meio da mente, ao passo que no nono veículo, a Grande Completude, a própria consciência mais profunda é usada como o caminho espiritual.

O Veículo sem Esforço

No fundo de todos nós reside a consciência mais profunda que se sustenta a si própria. Embora sempre presente, ela deve ser apresentada e mostrada em todo o seu desnudamento e deve ser implementada como o caminho espiritual em si. Por ser ela praticada como um caminho, esse sistema é chamado de "Veículo sem Esforço".

Essa terminologia tem sua potência especial, e o entendimento dela decorrente tem um objetivo específico. Quando é chamada de "Veículo sem Esforço", isso não significa não fazer absolutamente nada. Não seria apropriado simplesmente ficar deitado comendo! Na verdade, essas palavras contêm uma profunda e essencial exortação a uma meditação que tome como caminho exclusivo a consciência mais profunda. Nos estágios iniciais da prática em outros sistemas, há muitos treinamentos que envolvem o conceitualismo, ainda que em algum momento a mente de clara luz, não conceitual, venha a se manifestar; na Grande Completude, por sua vez, desde o primeiro instante o conceitualismo não é enfatizado, visto que a ênfase incide sobre a consciência mais profunda, a ser revelada mediante instruções especiais da mais profunda importância. Esse é o motivo pelo qual ela é chamada de "doutrina sem esforço"

A Centralidade da Mente de Clara Luz

Na verdade, todos os sistemas tibetanos, em sua concepção conclusiva, enfatizam a mente inata fundamental de clara luz. Em termos do ponto de convergência desses sistemas, todos os fenômenos da existência cíclica e do Nirvana são a atividade criativa, a refulgência dessa mente fundamental. Portanto, a raiz, a base de tudo aquilo que se situa na esfera da existência cíclica e do Nirvana é a clara luz fundamental. Por assim ser, quando se pratica o caminho espiritual, nada mais é necessário para purificar essas aparências impuras — que procedem elas próprias do interior do contexto da consciência mais profunda ou da clara luz — do que converter a mente inata fundamental de clara luz no próprio veículo por meio do qual você pratica o caminho espiritual. Além disso, quando o resultado da prática do caminho finalmente se manifesta, a mente inata primordial de clara luz, livre de todas as impurezas obstrutivas, é a onisciência da condição de Buda, um estado a partir do qual é possível produzir os maiores benefícios aos outros.

Tipos de Livros

É importante entender que não existe de maneira alguma uma divisão das doutrinas budistas em dois grupos distintos: as que se voltam para a explicação e as que se voltam para a prática. Você pode ser levado a pensar que, como textos longos e complicados expõem doutrinas que não são, no seu nível atual, aplicáveis a sua prática cotidiana, esses livros têm por finalidade fornecer explicações filosóficas simplesmente para o debate com os outros, ao passo que outros textos menores tratam das coisas que devem ser praticadas. Pensar assim seria um grande erro. Você deve entender que todos os escritos do Buda e seus comentários são necessários para a iluminação, e deve aprender como tomá-los como guias para a prática agora ou mais tarde. Seria ridículo estudar uma coisa e depois praticar outra. No mínimo, os ensinamentos mais complexos fornecem um mapa do progresso espiritual que irá, em si mesmo, influenciar a jornada de cada um; eles são nosso quadro de referência. Não obstante, há ensinamentos que enfatizam principalmente os estágios da prática, e outros cuja ênfase incide mais sobre um detalhamento das conclusões. Por outro lado, os cânticos inspirados dos grandes adeptos indianos contêm especificamente experiências práticas relativas aos caminhos espirituais elevados e foram compostos num estilo que representa a natureza direta e espontânea da experiência desses yogues. Nesses casos, gurus que alcançaram um nível profundo de desenvolvimento espiritual expressam suas percepções aos estudantes mais aptos a compreendê-las.

Além disso, muitos yogues-sábios de todas as ordens tibetanas escreveram textos em que apresentam suas experiências em forma de cânticos poéticos. A seguir, explicarei o texto *Atingindo a Essência em Três Palavras-Chave*, que se encontra entre aqueles que espontaneamente expõem a experiência meditativa; o texto foi criado pelo grande adepto Dza Patrul Jigme Chokyi Wangpo (1808-1887), um grande yogue-sábio, uma pessoa extraordinária que assumiu por livre vontade uma posição social e economicamente humilde. Há um relato segundo o qual muitos estudantes foram viver com ele para ficar mais próximos do mestre e assimilar seus ensinamentos, e, a certa altura, para sumir dali e viver num lugar mais tranquilo, ele foi para outra região onde a proprietária de uma estalagem o aceitou como empregado sem ter a menor ideia de quem era aquela pessoa. Ele trabalhava arduamente como varredor, além de desempenhar outros serviços domésticos estafantes que incluíam, por exemplo, esvaziar todas as manhãs os vasos onde as pessoas urinavam e defecavam durante a noite.

Vários de seus alunos passaram por aquela região em busca de seu grande mestre, perguntando a todos que lhes cruzassem o caminho se seu Lama se encontrava em algum lugar nos arredores, até que um dia encontraram a dona da estalagem. Perguntaram-lhe se havia visto Dza Patrul Rinpoche, e ela respondeu que não, mas pediu que lhe fizessem uma descrição dele, o que os estudantes fizeram prontamente. Ela então disse: "Um homem usando roupas velhas e esfarrapadas chegou aqui e aceitei-o para trabalhar como meu empregado, fazendo serviços domésticos". Os alunos souberam de imediato que era ele, e a mulher, ao saber que esse grande adepto e erudito vivia em sua casa e nela trabalhava como o mais inferior dos servos, ficou tão envergonhada que se pôs a correr.

TERCEIRA PARTE

Comentário sobre o texto *Atingindo a Essência em Três Palavras-Chave*, de Patrul Rinpoche

Dza Patrul Jigme Chokyi Wangpo
Desenho: cortesia de Chris Banigan

• 7 •

A Primeira Chave
Apresentação da Consciência mais Profunda

Os ensinamentos de Patrul Rinpoche e, por conseguinte, seu poema, organizam-se em torno de três chaves para a revelação da consciência mais profunda, a Grande Completude. O significado fundamental de como alguém pode se colocar no âmago da realidade é apresentado em três grupos de ensinamentos cruciais com o objetivo de — por assim dizer — impedir que a pessoa arruíne sua própria vida. Comecemos com a primeira chave. Diz o poema:

> A visão, a expansão infinita,
> Molda-se nos aspectos essenciais de três chaves.
>
> I.
> Primeiro, ponha sua mente em estado de descontração,

Sem nada emitir, nada absorver, nada conceitualizar.
Nesse estado de relaxamento, de total absorção,
De repente grite PAṬ, golpeando a consciência,
Forte, intenso, breve. E MA HO!
Coisa alguma, espantoso.
Espantoso, desimpedido.
Discernimento desimpedido, inexprimível.
Identifique a consciência mais profunda do corpo da verdade.
Sua entidade é identificada dentro de você mesmo — este é o primeiro aspecto essencial.

Tentarei agora fazer um breve comentário.

Descontrair-se

A introdução inicial à visão da consciência mais profunda que surge naturalmente não pode ser feita enquanto você estiver envolvido na geração incessante de muitas concepções, como, por exemplo, pensar sobre o bem e o mal etc. Por exemplo: é difícil ser apresentado a alguém e identificá-lo em meio a uma grande multidão; contudo, uma vez que você foi apresentado a uma pessoa e passa a conhecê-la, é fácil identificar tal pessoa, mesmo envolvida por uma grande multidão. Assim também, embora a consciência mais profunda impregne cada momento da consciência, inclusive cada pensamento individualizado, não é possível fazer aflorar a consciência mais profunda em seu desnudamento, sem ser primeiramente apresentado a ela, uma vez que ela é submetida ao pensamento conceitual e por ele obscurecida. No entanto, depois de tê-la identificado, você consegue vê-la até mesmo no meio de uma infinitude de pensamentos.

Portanto, sem fazer quaisquer ajustes em sua mente como, por exemplo, empenhar-se numa análise conceitual, deixe que os diversos fenômenos do mundo que surgirem em sua mente — pessoas, edifícios, montanhas, seu trabalho, seus amigos, seus problemas etc. — surjam como simples aparecimentos, e não se envolva com a identificação e a reflexão sobre eles ("O que aqui se apresenta é isso e aquilo"), nem polua sua mente com esses dois processos. Uma vez que é preciso manter um estado de mero aparecimento e mera consciência, faça como diz o autor do poema e **"Primeiro, ponha sua mente em estado de descontração"**, sem se deixar ocupar com uma miríade de pensamentos.

Parar de Pensar por Algum Tempo

A consciência mais profunda que surge naturalmente existe naturalmente dentro de você; encontra-se naturalmente aí, não resultando de uma geração ou elaboração, ou seja, não é construída por condições superficiais. Trata-se, ao contrário, de sabedoria original, de uma luz de consciência que flui naturalmente e cujo contínuo é fundamental e espontâneo. Para que agora ela se torne evidente para você, não permita o desenvolvimento de quaisquer concepções novas, de criação superficial. Não manifeste novos pensamentos e, mesmo quando perceber que concepções foram criadas, não se dê ao trabalho de pensar que elas devem ser eliminadas; deixe-as simplesmente desaparecer: como diz o poema, **"sem nada emitir, nada absorver, nada conceitualizar"**. Antes, com a atenção desperta, permaneça completamente dentro do fluxo espontâneo e natural do não conceitualismo; de imediato, abandone por completo todo pensamento conceitual.

Por exemplo, se algumas pessoas estiverem caminhando em grupo, e algumas pararem enquanto outras seguirem em frente, elas não terão parado juntas; contudo, se todas pararem simultaneamente, terão parado por completo.

Choque

Ainda assim, não basta manter a mente a salvo da difusão e da dispersão. Ainda que o êxtase, a clareza e o não conceitualismo se manifestem na experiência meditativa, eles atrapalham a introdução à consciência mais profunda que surge naturalmente e a identificação com ela. Você deve evitar até mesmo o êxtase, a clareza e o não conceitualismo. Precisa deixar todos para trás.

Portanto, nesse estado de relaxamento não atingido nem poluído pela contração do conceitualismo, de repente grite "PAṬ" (o "t" final é pronunciado com a língua flexionada para cima, encostando no céu da boca por trás dos dentes da frente), com força, intensidade e brevidade, a fim de anular imediatamente toda e qualquer comoção de pensar "É isto e aquilo", "É assim". O súbito som de PAṬ eliminará num golpe o pensamento conceitual de sua consciência: **"Nesse estado de relaxamento, de total absorção, de repente grite PAṬ, golpeando a consciência, forte, intenso, breve. E MA HO! Coisa alguma, espantoso"**.

Os antigos pensamentos cessaram e pensamentos novos ainda não foram criados. Por exemplo, quando um barco avança rapidamente sobre a água, ela se agita para os dois lados, mas resta um espaço vazio logo atrás, no rasto da embarcação.

No momento de gritar PAṬ, entre o espaço de tempo em que você é incapaz de emitir concepções anteriores — isto é, incapaz de trazer à mente seus antigos pensamentos — e antes de ser capaz de criar novas concepções, no intervalo entre essas duas ocorrências, quando você não consegue fazer distinções conceituais, há assombro, clareza, vivacidade, mero conhecimento.

Se você tiver fé e interesse profundos, além das instruções fundamentais de um guia, a permanência num lugar de súbita remoção dos pensamentos trará consigo uma sensação de choque que não poderá ser identificada com nada, com nenhum tipo de coisa. Retirando de súbito as vestes do pensamento, você ficará num estado de maravilhamento, de perplexidade e grande pasmo.

Há vários tipos de choque. Um deles é como ter os olhos fechados e não conseguir pensar em nada; outro é um estado de não conceitualização em que a mente fica livre de suas próprias poluições, muito solta ou muito contraída. Há também outros. Nesta conjuntura, a emissão e retraimento do conceitualismo pararam a ponto de deixá-lo num estado de estupefação, tendo perdido a capacidade de reconhecer os objetos como isto ou aquilo.

Com um choque, a atividade mental se vê repentinamente interrompida. Por exemplo, quando um cão late de repente perto de você, é possível que seu susto seja tão grande que não consiga pensar em mais nada. Nesta prática, você fica livre das variedades de pensamento, dos limites vinculativos dos grupos de concepções novas e contingentes, mas ainda não está como alguém que desmaiou. Ao contrário, a perspectiva de sua consciência mostra-se vívida e extremamente clara.

Os textos falam em tornar evidente um estado em que a habitual consciência subjacente perdeu intensidade e sua apreensão conceitual não consegue ter início, motivo pelo qual, durante esse intervalo, a consciência mais profunda pode se manifestar por determinado período em total desnudamento. O grande mestre tibetano Mangto Lhundrub Gyatsho cita muitas fontes doutrinárias, dentre as quais a que apresento a seguir:

> Entre as concepções antigas e posteriores, o contínuo da clara luz da consciência mais profunda permanece sempre íntegro.

No espaço entre dois pensamentos, há uma fácil oportunidade de identificar esse momento de consciência mais profunda.

Por isso, esse estado de choque não é apenas espanto; também tem livre discernimento, o que leva o autor do poema, Patrul Rinpoche, a afirmar: **"Espantoso, discernimento desimpedido"**.

A natureza disso deve ser conhecida como realmente é, no contexto da experiência, e no mais é indescritível em palavras; por isso, o poeta diz: **"Discernimento desimpedido, inexprimível"**. Apesar de ser *chamada* de consciência mais profunda do corpo da verdade, é tão inexprimível quanto qualquer dos polos do ser existente, inexistente e assim por diante. Essa consciência mais profunda do corpo da verdade deve ser identificada na experiência.

A menos que você consiga identificá-la, não há nenhuma maneira de manter a visão da Grande Completude quando em processo de meditação. Esse tipo de meditação, em que você mantém a experiência da consciência mais profunda, é um caso particular de permanência na experiência direta daquilo que você está meditando, em vez de meditar *sobre* um objeto.

Além disso, como fica claro nos escritos de Dodrubchen, se você conseguir reconhecer todos os fenômenos como a atividade criativa, a vibração ou a efervescência dessa consciência mais profunda que surge naturalmente, isso lhe permitirá ver com facilidade que todos os fenômenos não existem em si e por si, de maneira independente, mas apenas são criados pelo conceitualismo. Quando você identifica a consciência mais profunda, também chamada de "verdade última", e verifica que todos os fenômenos da existência cíclica e do Nirvana são uma resplandecência sua, ao longo desse processo você compreenderá que todos os fenômenos puros e impuros só existem nominalmente, como afirmam os textos filosóficos. Compreenderá que toda aparição e ocorrência de objetos de conhecimento são contingentes e sem essência; que, embora esses fenômenos não tenham, desde o início, se estabelecido por seu próprio poder, ainda assim eles parecem ter natureza autônoma, motivo pelo qual você adere a esse sentido de existência aparente que eles lhe fazem parecer tangível. Você também passará a entender que essa apreensão equivocada leva ao engajamento em diversas ações, boas e más, e ao acúmulo dessas predisposições, levando a um emaranhamento ainda maior na existência cíclica.

Para identificar a consciência mais profunda e mantê-la adequadamente na meditação, é importante ter refletido previamente sobre certos procedimentos, como, por exemplo, de onde a mente surge, onde ela permanece e onde se reabsorve, além de outras técnicas analíticas. Para essas práticas, o modo como os raciocínios são apresentados nos grandes textos é de muita utilidade.

Se você conseguir fazer com que todos esses fenômenos apareçam como a vibração da consciência mais profunda dentro de si e não se desviem da esfera dessa mente, não ficará sob a influência das concepções convencionais. Ao identificar por si próprio sua própria entidade básica e determinar seu significado contínua e ininterruptamente, numa posição estável de meditação, então — apesar de estar agindo no mundo — você estará iluminado.

• 8 •

O Repouso Supremo

Assim como na Escola da Velha Tradução, nas Escolas da Nova Tradução no Tibete afirma-se que, quando a clara luz se consubstancia, o grande yogue repousa. Vamos fazer uma leve digressão e pensar nisso; assim aprofundaremos nossa exploração do mesmo princípio final compartilhado por todas as ordens do Budismo Tibetano, da Escola da Velha Tradução e das Escolas da Nova Tradução.

No caminho espiritual, o necessário é que todas as variedades de proliferações dualísticas e conceituais desapareçam, se desvaneçam na esfera da mente inata fundamental de clara luz. Por quê? Para que você entenda a natureza e a origem delas e aprenda como aparecer em forma física para ajudar os outros. O que são essas "proliferações dualísticas e conceituais"?

Níveis de Consciência

Muitos textos descrevem várias categorias diferentes da mente ou da consciência, que vão do grosseiro ao sutil. Os níveis mais grosseiros são as consciências associadas aos olhos, ouvidos, nariz, língua e corpo. Mais sutil é a consciência mental, ou aquilo que geralmente consideramos como a mente que pensa e imagina, a qual, na verdade, possui desde níveis mais grosseiros, como o pensamento ordinário, passa pelo sono profundo e pelo desmaio, quando a respiração se interrompe, e chega à mente mais íntima e sutil da clara luz.

Segundo a concepção budista, embora as consciências grosseiras realmente tenham um começo e um fim, não há começo para a mente sutil. A mente sutil sempre permanece — continuamente, sem começo ou fim — e, desse modo, a causa e efeito do karma também não têm início. A não ser em estados meditativos extraordinários, essa consciência mais sutil ou profunda só se manifesta quando estamos morrendo, muito embora versões menos introvertidas e, portanto, mais breves desses níveis de consciência também ocorram quando começamos a dormir, no fim de um sonho, espirrando, bocejando e durante o orgasmo. Quando a mente da clara luz da morte finalmente se manifesta, todas as multissegmentadas proliferações da vida comum se desvanecem nela.

Tendo em vista que o processo de morrer oferece um poderoso caminho para o exame dos níveis da mente, vamos considerá-lo com algum detalhamento. A morte ocorre por estágios, implicando uma dissolução ou cessação sequencial dos quatro elementos internos:

- terra, a capacidade de as substâncias duras do corpo sustentarem a consciência;
- água, a capacidade de os fluidos do corpo sustentarem a consciência;
- fogo, a capacidade de o calor do corpo sustentar a consciência;
- vento, a capacidade de a energia motriz do corpo sustentar a consciência.

Na vida comum, esses elementos servem como a montaria ou a base para a consciência; são como um cavalo, e a consciência é uma pessoa a cavalgá-lo. Durante o processo de morrer, a capacidade de esses elementos sustentarem a consciência diminui, começando pelos elementos duros do corpo, quando sua capacidade de manter a consciência se transfere, por assim dizer, para os elementos fluidos. Cada passo nessa dissolução aumenta, assim, a capacidade de o elemento seguinte servir de fundamento da consciência.

OS OITO ESTÁGIOS DA MORTE

Passo a passo, é assim que a morte ocorre:

1. A capacidade de o elemento Terra (as substâncias duras de seu corpo, como os ossos) sustentar a consciência dissolve-se no elemento Água (os fluidos de seu corpo, como o sangue e fleuma). A indicação externa disso é que seu corpo torna-se mais magro; internamente, você vê o que parece ser uma miragem num deserto, ou numa rodovia ensolarada a distância.

2. Depois, a capacidade dos fluidos de seu corpo sustentarem a consciência se dissolve no elemento Fogo (o calor de seu corpo). Os sinais externos disso são que seus fluidos secam — a boca fica seca, o nariz franze e outros fluidos, como a urina, o sangue, o fluido regenerativo e o suor, secam; internamente, você vê aquilo que é variavelmente descrito como lufadas de fumaça saindo de uma chaminé ou fumaça pairando por uma sala.

3. Depois, a capacidade do calor do corpo sustentar a consciência se dissolve no elemento Vento (as correntes de energia que dirigem diferentes funções corporais, como inalar, exalar, arrotar, cuspir, falar, engolir, flexionar as articulações, estender e contrair os membros, abrir e fechar a boca e os olhos, digerir, urinar, defecar, menstruar e ejacular). A indi-

cação externa disso é que o calor corporal diminui, resultando numa incapacidade de digerir alimentos; respirar fica difícil, as exalações tornam-se cada vez mais longas e as inalações cada vez menores; e a garganta emite sons arquejantes ou estridentes. Internamente, você vê coisas que se parecem com vagalumes à noite, ou como centelhas na fuligem de uma panela metálica numa fogueira de acampamento; às vezes, isso é descrito como centelhas em meio a fumaça.

4. Então, o movimento da energia no seu corpo se dissolve e a respiração pelas narinas deixa de existir. Nesse momento, você vê uma aparição como a luz bruxuleante acima de uma lâmpada de óleo ou a chama de uma vela cujo combustível já se consumiu quase por inteiro. Depois, a luz bruxuleante é seguida pela aparência de uma chama firme e constante.

As quatro fases seguintes da morte, que são as últimas, pressupõem a dissolução do nível conceitual de consciência. Essas consciências conceituais são mais sutis do que as cinco consciências dos sentidos, mas ainda pertencem ao nível grosseiro da mente. São agrupadas em três classes correspondentes aos três tipos de ventos, ou energias, nas quais, por assim dizer, cavalgam — forte, mediano e fraco.

- O primeiro grupo é composto de consciências conceptuais que implicam um forte movimento da energia da

consciência na direção de seus objetos e inclui 33 experiências conceituais como medo, apego, fome, sede, compaixão, ganância e ciúme.
- O segundo grupo é formado por consciências conceituais que implicam um movimento médio da energia da consciência na direção de seus objetos e inclui quarenta experiências conceituais como, por exemplo, alegria, deslumbramento, generosidade, vontade de beijar, heroísmo, severidade e desonestidade.
- O terceiro grupo é composto de consciências que implicam um movimento fraco da energia na direção de seus objetos e inclui sete experiências conceituais — o esquecimento; o equívoco, como ao ver a água numa miragem; catatonia; depressão; preguiça; dúvida; e desejo e ódio em doses iguais.

Essas três categorias de experiências conceituais são reflexos de níveis mais profundos da consciência que têm cada vez menos percepção dualística, uma vez que são impressões de três níveis mentais sutis que às vezes se manifestam quando os níveis mais grosseiros da consciência cessam, quer intencionalmente, como em estados profundos de meditação, quer naturalmente, como no processo de morrer ou ir dormir.

Quando as energias nas quais essas oitenta experiências "cavalgam" — como um cavaleiro num cavalo — se desvanecem, a base da consciência muda, passando de níveis mais grosseiros para níveis mais sutis de energia (aquilo que os budistas chamam de "vento sutil"), permitindo que três *níveis sutis* de consciência se manifestem. Quando você avança por esses três níveis, sua consciência torna-se cada vez mais não dualista, com cada vez menos sentido de sujeito e objeto. Estes levam finalmente ao *nível muito sutil* da consciência, a mente de clara luz, a qual, se usada no caminho espiritual, é a mais poderosa. Apresento a seguir esses quatro últimos níveis profundos:

5. Quando se dissolvem as energias que, como cavalos, servem de montaria para os vários tipos de consciências conceituais, que são como seus cavaleiros, a própria mente se transforma numa vastidão onipresente, gigantesca, vívida e branca. É descrita como um céu claro banhado pela luz do luar — não a lua brilhando num espaço vazio, mas um espaço vazio completamente preenchido de luz branca. O pensamento conceitual desapareceu, e nada aparece, a não ser essa vívida brancura, que é a sua consciência. Contudo, uma sutil percepção de sujeito e objeto permanece, de modo que o estado é levemente dualista. A isso se dá o nome de "mente de intensa aparência branca", pois manifesta-se uma aparência de luz lunar, que também é chamada "vazia", porque encontra-se além daquelas consciências conceituais e das energias (ventos) nos quais elas cavalgam.

6. Quando a mente de aparência branca e suas energias se dissolvem, a mente se transforma numa vastidão vermelha ou alaranjada, mais intensa do que antes; nada mais aparece. É como um céu claro totalmente ensolarado — não o sol brilhando no céu, mas como o próprio espaço tomado por luz vermelha ou laranja. Nesse estado, a mente fica ainda menos dualista. É chamada de "mente de ampliação-da-aparência", porque uma aparência semelhante a uma luz solar muito intensa aparece, e também é chamada de "muito vazia", pois está além da primeira mente de aparência e das energias nas quais essa mente cavalga.

7. Quando a mente de ampliação-da-aparência vermelha ou laranja e suas energias se dissolvem, a própria mente se transforma num estado ainda mais sutil, intensamente negro; nada mais aparece. A isto se dá o nome de "mente de quase realização", pois você está na iminência de manifestar a mente de clara luz. A mente de vastidão negra é como um céu sem lua, muito escuro, pouco depois do crepúsculo, quando não se vê nenhuma estrela. Durante a primeira fase da mente de quase realização negra, você ainda está ciente, mas na fase posterior você fica totalmente inconsciente, mergulhado numa escuridão muito densa, como acontece quando desmaia. Esse estágio é chamado de "quase realização" porque está próximo da manifestação da mente de clara luz, e também é chamado de "extremamente vazio", pois está além da

mente anterior de ampliação-da-aparência e das energias nas quais ela cavalga.

8. Quando a mente de quase realização negra se desvanece, o desfalecimento da inconsciência se vai e a própria mente se transforma na mente de clara luz. Chamada de "mente inata fundamental de clara luz", este é o nível mais sutil, profundo e poderoso da consciência. Totalmente não conceitual e não dualista, é como o estado natural do céu da madrugada (bem antes do alvorecer) — sem luar, sem luz solar e sem escuridão. Esse nível mais profundo é chamado de "mente inata fundamental de clara luz" porque não é temporário, ao passo que as mentes de quase realização negra, de ampliação-da--aparência vermelha ou laranja, da aparência branca etc., são *recém*-produzidas e destinadas à extinção mediante o poder das condições, sendo, portanto, temporárias e contingentes. A mente de clara luz também é chamada de "plenamente vazia", pois fica além de todo o alcance da consciência conceitual, bem como dos três ventos sutis de aparências branca, vermelho/laranja e negra.

Repetindo: quando o verdadeiro processo da morte começa, você passa por oito fases — as quatro primeiras envolvem o colapso dos quatro elementos e as quatro últimas envolvem o colapso da consciência, a qual retorna ao nível mais profundo da mente, chamado de mente de clara luz.

A passagem para a mente da clara luz pode ser rápida ou lenta. Algumas pessoas permanecem no último estágio, a mente de clara luz da morte, por apenas alguns minutos; outras chegam a permanecer ali por até uma ou duas semanas. Para um praticante hábil, essa é uma preciosa oportunidade de praticar. Os que têm consciência da mente de clara luz podem permanecer nesse estágio por períodos mais longos e, dependendo do treinamento prévio, podem até usá-lo para compreender a veracidade do vazio da existência inerente de todos os fenômenos.

Alguns de meus amigos que meditam têm descrito experiências profundas de dissolução, mas ainda no domínio das *semelhanças* das experiências reais. Vários tibetanos declarados clinicamente mortos permaneceram imunes à decomposição física por um período razoável de tempo. Recentemente, o corpo de um lama da ordem Sakya permaneceu intocado pela decomposição por mais de vinte dias. Ele "morreu" em Dharamsala, na Índia, mas permaneceu — ainda em Dharamsala — em estado de meditação; depois, seu corpo foi levado para Rajpur, na região de Dehra Dun, onde ainda permaneceu imune à deterioração. O fato é extraordinário. Tenho conhecimento de aproximadamente quinze tibetanos cujos corpos também não se decompuseram — alguns por alguns dias, outros por mais tempo, até um máximo de três semanas. Meu preceptor principal, Ling Rinpoche, permaneceu com o corpo intacto por treze dias.

A pedra angular de minha prática pessoal é a reflexão sobre os quatro ensinamentos básicos da impermanência, do sofrimento, do vazio e do não eu; além deles, como parte de oito diferentes práticas rituais cotidianas, medito sobre os estágios da morte. Imagino a dissolução do elemento Terra em Água, do elemento Água em Fogo e assim por diante — todas as oito fases. Embora não possa alegar nenhuma experiência profunda, há uma certa parada respiratória quando o ritual requer que se imagine a dissolução de todas as aparências. Tenho certeza de que versões mais completas se mostram quando o praticante visualiza as dissoluções de maneira mais calma e rematada. Uma vez que todas as minhas experiências cotidianas de imaginar-me numa forma mental e física ideal, chamada de Yoga das Deidades, implicam a visualização da morte, venho habituando-me ao processo e, desse modo, no momento real da morte, esses passos irão parecer-me familiares. Contudo, se serei ou não bem-sucedido, é coisa que não sei.

Na fase final da morte, quando todas as consciências grosseiras se esvaem no vazio pleno — que é a mente inata fundamental de clara luz —, as miríades de objetos do mundo, e também conceitos como os de igualdade e diferença, são apaziguados nessa mente da mais alta sutileza. Nesse momento, todas as aparências de ambientes e pessoas se desvanecem por sua própria conta. Mesmo para um não praticante, as aparências grosseiras também se retiram; esse desvanecimento das aparências convencionais, porém, não se deve a uma percepção da realidade alcançada por meio da meditação. Quando, na última fase, todos os ventos temporários que transportam a consciência já se desvaneceram, a mente (seja ou não a de um praticante) torna-se algo como que indiferenciado, e irrompe uma imaculada abertura.

USANDO O NÍVEL MAIS PROFUNDO DA MENTE NO CAMINHO ESPIRITUAL

Enquanto praticante, contudo, você procura ir além desse vazio ordinário, essa mera ausência de aparências convencionais. Quando a clara luz desponta, você procura compreender o extraordinário vazio da existência intrínseca com a própria mente de clara luz. Isso não acontecerá através do esforço no momento da clara luz, mas é algo que surge da força da familiaridade adquirida antes das fases de dissolução e da forte consciência plena do vazio durante o despontar das três mentes das consciências branca, vermelha/laranja e negra. Se você conseguir transformar a clara luz da morte numa consciência espiritual totalmente qualificada, a mente reconhecerá sua própria face, sua própria natureza — a entidade da mente fundamental.

É desse modo que os estados mentais mais sutis são empregados de modo mais poderoso e eficaz quando deles se faz uso na prática espiritual. Isso mostra a importância do treinamento contínuo. A apresentação das fases da morte é um mapeamento dos estados mais profundos da mente que ocorrem no decurso da vida cotidiana, e geralmente passam despercebidos e sem que se lhes dê qualquer uso.

Essas oito fases seguem uma ordem progressiva não apenas quando se está morrendo, mas também quando se vai dormir, quando se está no final de um sonho, num espirro ou desmaio ou durante o orgasmo — e, em ordem inversa, não só depois que o processo de morte já se consumou, mas também quando se desperta do sono e quando se começa a sonhar, assim como no final de um espirro, desmaio e orgasmo.

ORDEM DIRETA
1. Aparência de miragem.
2. Aparência de fumaça.
3. Aparência de vagalumes.
4. Aparência da chama de um lampião.
5. Mente de aparência branca intensa.
6. Mente de ampliação-da-aparência vermelho-laranja intenso.
7. Mente de quase realização de negro intenso.
8. Mente de clara luz.

ORDEM INVERSA
   8. Mente de clara luz.
   7. Mente de quase realização de negro intenso.
   6. Mente de ampliação-da-aparência vermelho-laranja intenso.
   5. Mente de aparência branca intensa.
   4. Aparência da chama de um lampião.
   3. Aparência de vagalumes.
   2. Aparência de fumaça.
   1. Aparência de miragem.

No processo direto, os níveis mais grosseiros de consciência — nossas cinco consciências dos sentidos, assim como nossa mente que faz uso da razão e os três níveis sutis de consciência — finalmente se dissolvem na mente inata fundamental de clara luz. Ela é chamada de "vazio pleno" por ser desprovida de todos esses níveis mais grosseiros. É muito poderosa, mas, quando esses níveis mais grosseiros de consciência se dissolvem naturalmente — como fazem, por exemplo, na morte —, não temos a capacidade de permanecer na mente de clara luz e, devido a isso, depois desse período de dissolução, o processo inverso se inicia e os fenômenos de proliferação dualística e conceitual reaparecem. Essas duas séries, um processo direto de dissolução e um processo inverso de reconstituição, dependem da mente inata fundamental de clara luz. (Para maiores informações sobre os níveis de consciência, leia *Mind of Clear Light: Advice on Living Well and Dying Consciously* [Nova York: Atria Books, 2003], de Sua Santidade, o Dalai Lama.)

No vocabulário das Escolas da Nova Tradução do Tibete, todas as proliferações conceituais que levam a ações que resultam no acúmulo de predisposições são consciências até mesmo mais grosseiras do que as mentes de aparência, aumento e quase realização, que devem ter fim antes do surgimento da mente de clara luz. Tendo manifestado a mente de clara luz, se formos incapazes de nela permanecer, as mentes de quase realização, aumento e aparência serão geradas e surgirão as oitenta concepções a partir das quais as ações contaminadas ocorrerão uma vez mais, com o acúmulo concomitante de suas predisposições. Isso é o que provoca dano. Contudo, quando as oitenta consciências conceituais, e também as três mentes de aparência, aumento e quase realização, tiverem fim, e nos apegarmos solidamente à clara luz, não poderão ser geradas concepções e emoções destrutivas. Ao permanecer nesse estado, estaremos além do alcance do conceitualismo; nem mesmo as mais fortes emoções destrutivas poderão intrometer-se à força nesse estágio. O repouso, ali, é absolutamente verdadeiro.

A *Clara Luz* dentro de *Todas as Consciências*

Esta é a apresentação das Escolas da Nova Tradução. Contudo, características profundas e marcantes da Grande Completude provêm da presença da clara luz em todas as consciências. Sem ter a necessidade de esperar até usar a mente inata fundamental de clara luz no caminho, até depois de todos os níveis grosseiros e sutis de energia dos ventos e consciências terem cessado por meio de técnicas meditativas, se chegarmos a compreender a realidade da mente de diamante dentro da manifestação dos seis tipos de consciências entenderemos todas as aparências da existência cíclica e do Nirvana como instâncias surgidas através de sua força, sua atividade criativa, mediante as quais nos damos conta de que esses fenômenos não existem por si próprios, mas derivam dessa mente básica e dessa consciência mais profunda. Assim como na *Guirlanda Preciosa* de Nagarjuna, a existência cíclica se revela falsa porque surge na dependência de uma falsa causa, que é a ignorância; embora a consciência mais profunda não seja – como é óbvio – intrinsecamente falsa, uma vez que os fenômenos da existência cíclica e do Nirvana são a atividade criativa dessa consciência, embora não apareçam como tal, desse ponto de vista se evidencia que todos esses fenômenos são falsos. Graças a essa percepção, somos obrigados a entender que esses fenômenos têm, todos, existência apenas nominal. Para Dodrubchen, quando somos capazes de confirmar que toda aparição e ocorrência de objetos de conhecimento constituem tão somente a atividade criativa da consciência mais profunda, somos obrigados a entender ainda melhor a posição filosófica segundo a qual eles só existem pelos poder do conceitualismo.

A Grande Completude apresenta uma prática de ver todos os fenômenos da existência cíclica e do Nirvana como a atividade criativa e a autorrefulgência da mente dentro de uma consciência contínua da entidade básica da mente. Ainda que haja poucas explicações sobre a negação da existência intrínseca pelo raciocínio e da compreensão dos fenômenos como resultantes de designação tão somente nominal, esses fatos são entendidos como subprodutos do entendimento de que todos esses fenômenos são apenas as manifestações, a atividade criativa da clara luz — a consciência mais profunda. Assim, tudo o que existe de mais importante nos aspectos essenciais da concepção do vazio encontrada na apresentação do Caminho do Meio pelas Escolas da Nova Tradução está contido nessa prática.

• 9 •

A Benigna Mente de Diamante

NA GRANDE COMPLETUDE, a clara luz que surge naturalmente é chamada de "perfeitamente boa" e de "herói mental* sem começo nem fim". Naturalmente pura desde o princípio e dotada de natureza espontânea, essa mente de diamante é a base de todos os fenômenos que ocorrem na existência cíclica e no Nirvana. Mesmo enquanto você continua sendo um ser senciente, e a despeito da geração de muitíssimas boas e más concepções como, por exemplo, o desejo manifesto, o ódio e a perplexidade, a mente de diamante em si permanece livre das poluições dessas impurezas. Embora a água pos-

---

* Os heróis são divindades tântricas masculinas que corporificam o método; as heroínas são deidades tântricas femininas que corporificam a sabedoria. O termo sânscrito que designa "energia" é virya, que no antigo indo-iraniano tinha o significado de "herói". Na época do Buda, virya passara a designar a força de um grande guerreiro para derrotar seus inimigos — uma força que pode ser tanto mental como física. (N.T.)

sa ser extremamente suja, sua natureza permanece clara, ou seja, não se deixa poluir pela sujeira. Da mesma maneira, seja qual for a intensidade das emoções destrutivas geradas como atividade criativa dessa mente de diamante, e a despeito de quão poderosas elas sejam, a consciência mais profunda em si, a base do aparecimento dessa vibração, permanece não afetada pelas impurezas, pura e perfeita desde sempre.

Voltando sua Atenção para o Espaço

Na Grande Completude, uma das técnicas consiste em dirigir a consciência para os olhos e dirigir o olhar para o espaço. Isso realmente ajuda, pois a consciência ocular é tão poderosa que pode, assim, dar-lhe algum auxílio mesmo quando você estiver meditando. Não se trata de olhar para o mundo exterior, mas de olhar para o espaço intermediário; mesmo nas Escolas da Nova Tradução, afirma-se que há semelhanças entre o espaço vazio interior e o espaço vazio exterior e entre a iluminação interior e a iluminação exterior. Com isso, não se pretende dizer que o espaço exterior seja algo extremamente fantástico; ao contrário, ele simboliza o espaço interior.

Em primeiro lugar, aprume o corpo e não deixe que sua mente se perturbe por absolutamente nada. Dirija a consciência para os olhos e dirija o olhar para o espaço. Não permita que o fator da apreensão conceitual polua sua mente;

coloque-se vigorosamente na entidade de pureza essencial, de luminosidade, de consciência mais profunda.

Identificando a Consciência mais Profunda

Uma vez que essa visão equivale a identificar a consciência mais profunda na sua própria experiência, volta para ela toda a sua atenção e permaneça atento. A não ser pela identificação de uma natureza que existe integralmente em você, não há nada de novo a ser demarcado fora de seu universo pessoal. Tendo em vista que você deve identificar, manifestar na experiência e, em seguida, permanecer com a realidade dessa consciência mais profunda que existe integralmente dentro de você mesmo, o autor do poema, Patrul Rinpoche, diz: **"Identifique a consciência mais profunda do corpo da verdade. Sua entidade é identificada dentro de você mesmo — este é o primeiro aspecto essencial"**. Essa natureza existiu em você mesmo desde sempre, sem ter de ser construída a partir do zero; você está identificando algo que já existe dentro de você agora.

A apresentação a essa visão não é fácil de maneira alguma. Um lama experiente e um estudante fiel e perspicaz são necessários. Segundo os ensinamentos da Grande Completude, você não pode se tornar iluminado usando uma mente simulada; ao contrário, a consciência mais profunda deve ser identificada, e em seguida todos os fenômenos devem ser entendidos como a atividade criativa dessa mente. Isso deve ser objeto de uma verificação contínua e determinada de sua parte.

Com tal prática, não é necessário repetir mantras, recitar textos etc., pois você está de posse de algo maior. Essas outras práticas são artificiais — elas precisam de esforço —, ao passo que, quando você identifica a consciência mais profunda e sustenta a prática dentro dela, trata-se de uma prática espontânea, sem esforço. As práticas que requerem esforço são efetuadas pela mente, mas as práticas espontâneas, chamadas de "veículos sem esforço", são feitas pela consciência mais profunda.

Para praticá-las, não basta limitar-se à leitura de livros; você precisa de toda a prática preparatória da Escola da Velha Tradução e, além disso, também precisa dos ensinamentos especiais de um mestre qualificado da Escola da Velha Tradução, bem como de suas bênçãos. Ademais, o estudante também deve ter acumulado grandes méritos. Até o grande mestre da Escola da Velha Tradução, Jigme Lingpa, passou três anos e três fases da lua em retiro, com tremendos esforços, depois dos quais a esfera da consciência mais profunda se manifestou; ela não lhe chegou com facilidade. Dodrubchen também trabalhou arduamente; em seus escritos, ele enfatiza que uma pessoa engajada nessa prática espontânea de não esforço deve trabalhar duro em todas as práticas preparatórias, ser apresentado à consciência mais profunda por um lama que tenha experiência real e meditar sobre ela com grande tenacidade e absoluta renúncia à sua vida. Ele diz que é em decorrência de todo esse empenho que a esfera da consciência mais profunda pode ser identificada, e somente dessa maneira.

• 10 •

A Segunda Chave
Manter a Meditação

DEPOIS DE TER SIDO apresentado a essa visão (ou ponto de vista) e de tê-la identificado, você precisa engajar-se num modo contínuo de meditação. Esse é o impacto da segunda chave.

II.

Depois, quer desdobrando-se, quer repousando no interior,
Com raiva ou com desejo, feliz ou triste,
Em todos os momentos e ocasiões,
Reconheça o corpo da verdade de sabedoria impoluta, já identificado.
Para aqueles com conhecimento anterior, a clara luz mãe e filho se encontram.

Estabeleça-se no estado inexprimível da qualidade da consciência mais profunda.

Estabilidade, bem-aventurança, luminosidade e deleite devem ser reiteradamente destruídos.

Faça descer subitamente a sílaba do método e da sabedoria.

Não há nenhuma diferença entre a postura de equilíbrio meditativo e a realização subsequente.

Habitando-se continuamente no estado indiferenciável, não há divisão entre a sessão e o entre-sessões.

Porém, enquanto a estabilidade não for alcançada,

Deve-se valorizar a meditação havendo-se abandonado as comoções.

A prática é feita dentro de divisões por sessões.

Em todos os momentos e ocasiões,

Mantenha a exteriorização do corpo da verdade e nada mais.

Decida com a máxima firmeza possível que não há nada além disso.

Tenha essa determinação somente, e nenhuma outra — este é o segundo aspecto essencial.

Sem Perigo

Depois que você identificou a face natural da consciência mais profunda verificando-a em você mesmo, depois que a vivenciou debaixo de você, como se fosse sua cama, o chão onde você pisa, pouco importa o tipo de conceitualismo que ocorra — quer os pensamentos se desdobrem, quer se retraiam e deixem de existir, não é necessário empenhar-se em fazer com que essas concepções cessem. Ao contrário, quando boas ou más concepções surgirem, quer aconteçam coisas boas, quer coisas ruins, você se dará conta, em todas as ocasiões, de que elas provêm do interior da esfera dessa consciência mais profunda desimpedida e intensa que você já identificou, e que, quando cessam, é para lá que elas retornam.

Se você conseguir manter seu reconhecimento da consciência mais profunda, ocorrerá então que, mesmo que surjam pensamentos — pouco importando a natureza dessas concepções manifestas —, eles não representam perigo, uma vez que são vistos a partir da perspectiva de não ir além da consciência mais profunda. Sem qualquer necessidade de análise, você reconhece que quaisquer pensamentos surgem no contexto da consciência mais profunda e ali também se dissolvem. Portanto, como está no poema, **"Quer desdobrando-se, quer repousando no interior, com raiva ou com desejo, feliz ou triste, em todos os momentos e ocasiões, reconheça o corpo da verdade de sabedoria impoluta, já identificado."**

As Nuvens e o Céu

Assim sendo, nas ocasiões em que muitas concepções diferentes forem geradas, não é necessário despender grande esforço e aplicar antídotos a todas, uma por uma. Em vez disso, reconheça o corpo da verdade de sabedoria que você já identificou anteriormente e preste atenção a ele. Como o grande yogue tibetano Milarepa diz numa canção: "As nuvens, quando sobem, sobem a partir do próprio céu, ou, quando se dissolvem, fazem-no igualmente no próprio céu".

Também podemos dizer que esse processo é igual ao do gelo transformando-se em água.

Além do mais, leve isto em consideração: Quando a água fica suja, se você agitá-la ela se tornará cada vez mais suja; porém, se você deixá-la parada, aos poucos ela irá se acomodando e terminará por ficar limpa. Da mesma maneira, ao deixar as concepções seguirem seu próprio fluxo, fique atento à natureza interior delas e permaneça no contexto da consciência mais profunda, sem perdê-lo de vista. Nesse estado, as concepções tenderão a contrair-se e diminuir.

O Encontro Entre Mãe e Filho

Em nosso estado habitual, sejamos ou não um praticante da meditação e a despeito de quem formos, a consciência mais profunda que surge naturalmente terá estado conosco em nosso estado primordial, razão pela qual é chamada de "clara luz mãe". Apesar de ter existido sempre, essa clara luz básica não era anteriormente identificada; contudo, uma vez que você seja apresentado à clara luz por um lama, esse novo estado — agora que sua existência foi identificada — é chamado de "clara luz filho".

Assim, falamos de dois estados de consciência mais profunda: a consciência mais profunda que surge naturalmente, de existência primordial — a clara luz mãe —, e a consciência mais profunda identificada — a clara luz filho. A *identificação* da face natural da consciência mais profunda que surge naturalmente e desde sempre existiu integralmente com você é chamada de *encontro* das claras luzes mãe e filho e também a *mistura* das claras luzes mãe e filho. Embora na verdade não se trate de duas coisas distintas, um objeto encontrado (a clara luz mãe) e alguém que a encontra (a clara luz filho), ou um objeto misturado (a clara luz mãe) e alguém que o mistura (a clara luz filho), você identificou aquilo que existiu integralmente o tempo todo no estado básico. Isso é metaforicamente tratado como o encontro das claras luzes mãe e filho. A mensagem da metáfora é que precisamos identificar o que já nos é intrínseco.

A *Clara Luz da Morte*

Nas Escolas da Nova Tradução, fala-se também sobre o encontro das claras luzes mãe e filho por ocasião da morte. Já expliquei alguma coisa sobre isso, mas permitam-me acrescentar mais alguns detalhes aqui. No processo costumeiro de morrer, quando a mente de clara luz da morte por fim se evidencia, as aparências do mundo como o conhecemos retiram-se voluntariamente. Dentre os oito estágios da morte, os quatro últimos, os ventos (ou energias) que servem como montarias cavalgadas pela consciência, tornam-se cada vez mais sutis. Quando, na última fase, os ventos temporários que levam a consciência já se dissolveram todos, a mente (seja ela de um praticante ou não) assume características como que indiferenciadas, e uma abertura imaculada manifesta-se através da força do karma.

Nesta última fase da morte, quando todas as consciências grosseiras se dissolvem na clara luz plenamente vazia, a mente inata fundamental, a miríade de objetos do mundo, assim como os conceitos como igualdade e diferença, desaparecem nessa mente da mais extrema sutileza. O praticante procura ir além desse vazio ordinário, dessa mera ausência de aparências convencionais. Quando a clara luz irrompe, um praticante procura perceber *com a própria mente de clara luz* o extraordinário vazio da existência inerente. Isso não acontecerá por meio de um grande esforço no período da clara luz, mas virá da força da familiaridade adquirida na meditação prática que, por meio da força da atenção plena, é mantida durante a vida cotidiana, depois no fim da vida, antes e durante as fases de dissolução e, finalmente, durante a irrupção das três mentes de aparência branca, vermelha e negra. Tudo isso depende de ter-se cultivado o caminho espiritual mediante o esforço nas meditações anteriores. Se você for um praticante consumado, é possível que consiga transformar a clara luz da morte numa consciência espiritual plenamente qualificada, de tal modo que a mente reconheça sua própria face, sua própria natureza e a entidade da mente fundamental, a consciência mais profunda.

Se, devido ao poder do treinamento anterior em Yoga, você for capaz de transformar num caminho espiritual a mente de clara luz que existe integralmente dentro de você em seu estado habitual, isso também é chamado de encontro das claras luzes mãe e filho ou mistura das claras luzes mãe e filho. A mente de clara luz, que é uma parte natural sua no estado habitual, é chamada de clara luz mãe; e a clara luz cultivada no caminho yogue é chamada de clara luz filho. Se, na ocasião do aparecimento da clara luz mãe, você conseguir transformá-la no caminho espiritual, esse é o sentido — neste contexto — das claras luzes mãe e filho encontrando-se ou misturando-se. Repetindo, na verdade isso não é um encontro de duas entidades; ao contrário, no momento da morte, a clara luz da mãe que irrompe devido ao karma transforma-se numa consciência espiritual, a clara luz filho. Devido ao treinamento anterior, a clara luz mãe não se transforma numa mente habitual da morte, mas é usada para perceber a verdade do vazio da existência inerente, eliminando, desse modo, as emoções destrutivas que se criam pelo fato de verem-se erroneamente os fenômenos como existentes em e a partir de si próprios, de maneira independente.

As Claras Luzes Mãe e Filho no Poema

Quando Patrul Rinpoche diz: **"Para aqueles com conhecimento anterior, a clara luz mãe e filho se encontram"**, o sentido que temos aqui é o primeiro dos dois que foram há pouco explicados. Uma clara luz, a clara luz mãe, existia naturalmente em nós, embora não tivesse sido identificada; a clara luz à qual somos apresentados por um lama, e que identificamos e cultivamos meditativamente, é a clara luz filho. Embora a clara luz da consciência mais profunda tenha sempre estado ali, ela não foi identificada; as claras luzes mãe e filho não se encontraram, por assim dizer. Contudo, quando um lama nos apresenta àquilo que sempre esteve ali e nós o identificamos usando o poder de nossa experiência íntima, esse reconhecimento é chamado de "encontro das claras luzes mãe e filho".

Permanecer na Experiência

Com o conhecimento da face identificada da consciência mais profunda, você deve simplesmente mantê-la ou estabelecer-se nela de maneira contínua. Como se diz no poema, portanto, **"Estabeleça-se no estado inexprimível da qualidade da consciência mais profunda"**.

Em outros sistemas do Tantra Yoga Superior, isso é chamado *de mente inata fundamental de clara luz*. Aqui, na Grande Completude, no contexto da divisão entre "fundamento" e "aparecimento do fundamento", essa é a primeira, a consciência mais profunda fundamental. A consciência mais profunda que é identificada durante a operação dos seis grupos de consciência — olho, ouvido, nariz, língua, corpo e consciência mental — é a consciência mais profunda vibrante. Ao identificar a consciência mais profunda vibrante e mantê-la no processo de meditação, você pode chegar à consciência mais profunda fundamental.

Como Lidar com Interferências

Durante uma meditação desse tipo, experiências de felicidade-êxtase, luminosidade e não conceitualismo podem surgir em sua mente, mas essas experiências, que na verdade ocorrem em um nível grosseiro e não pertencem ao nível mais sutil, como que cobrem e obstruem a consciência mais profunda, como a película ou membrana que envolve certos frutos ou sementes. Portanto, é preciso livrar-se delas. Como diz Patrul Rinpoche: **"Estabilidade, bem-aventurança, luminosidade e deleite devem ser reiteradamente destruídos"**. É crucial livrar-se dessas experiências meditativas de um êxtase não tão profundo, de uma luminosidade tosca grosseira e de não conceitualização num nível mental grosseiro, a fim de expor a consciência mais profunda em seu desnudamento. Ela irá então iluminar-se a partir de dentro.

Como podem ser destruídas? Nessas ocasiões, quando experiências espirituais de nível inferior se manifestarem, uma técnica para eliminar esses agentes embaraçosos é gritar, de tempos em tempos, a sílaba PAṬ. Use essa sílaba de maneira forte, aguda e breve para remover esses entraves que encobrem a consciência mais profunda. Na sílaba PAṬ, a letra PA representa o método que reúne os agentes de interrupção, e a letra Ṭ representa a sabedoria que os penetra e elimina. A sílaba PAṬ cai de repente, como um raio, reduzindo a fragmentos a crosta de apego às experiências meditativas. **"Faça descer subitamente a sílaba do método e da sabedoria."**

Dentro e Fora da Meditação são Coisas Semelhantes

Quando você está dentro da consciência mais profunda inexprimível, terá alcançado o discernimento sem impedimentos. Isso significa que não há empecilho ou obstáculo, no sentido de que, quando os objetos aparecem na meditação, essas aparições não precisam ser bloqueadas. Ao contrário, a mente não se deixa envolver nem enredar pela aparição dos objetos; em vez disso, mantém sua intensa percepção da consciência mais profunda. Quando se mantém essa perspectiva, o estado de meditação chamado de "postura de equilíbrio meditativo" e o estado do aparecimento de objetos depois da meditação, chamado de "realização subsequente", não são muito diferentes. **"Não há nenhuma diferença entre a postura de equilíbrio meditativo e a realização subsequente."**

Enquanto a face da consciência mais profunda for mantida, não se pode postular que haja um estado de postura de equilíbrio meditativo e um estado de ter saído da postura de equilíbrio meditativo e estar fora de uma sessão de meditação. Quer você esteja em meditação, com sua mente voltada para um único objeto de observação, quer não, pouco importa o suposto estado em que você se encontra ou o pensamento que lhe ocorre — o fato é que ele procede da vibração da consciência mais profunda. Tendo em vista que cada uma dessas concepções simplesmente provém da expansão da consciência mais profunda, todas elas são a atividade criativa da consciência mais profunda e, como são a efervescência desta, se você conseguir visualizá-las do interior da consciência mais profunda verá que elas nascem inexoravelmente dentro desta e, no que diz respeito ao local de seu fim, verá que ele também ocorre nesse mesmo espaço. A isso se dá o nome de "reconhecimento das concepções".

Três Tipos de Libertação das Concepções

Os estilos de libertação das concepções são de natureza tríplice. O primeiro é como passar por uma pessoa que você já conhece. O segundo é como uma serpente enrolada em um nó que de desata sozinho, e é chamado de "autolibertação" das concepções. O terceiro é como um ladrão que entra numa casa vazia — a casa não tem nada a perder e não há nada que o ladrão possa destruir; ali só existe autolibertação.

O último é o mais eficaz. Quando, no primeiro tipo, você identifica que "uma concepção foi produzida", mesmo que você a tenha identificado como tal, estão presentes a apreensão de um objeto identificado e um identificador. O melhor é que, sem deixar de manter a qualidade da consciência mais profunda, se as concepções forem criadas, deixe que o sejam; se cessarem, deixe-as cessar. Não as enfatize, ignore-as. Se você olhar para a identidade delas, verá que nada mais são senão a refulgência e a efervescência da consciência mais profunda.

Entendidas dessa perspectiva, as concepções não vão além da vibração da consciência mais profunda; elas não extrapolam sua atividade criativa. Quando vistas a partir da esfera da consciência mais profunda, pouco importa saber se as concepções são produzidas ou cessam — elas nem ajudam nem fazem mal. Desse ponto de vista, não há separação entre a meditação durante uma sessão formal e a meditação nos períodos entre sessões.

Devido à manutenção do contínuo de realização durante a postura de equilíbrio meditativo, não deve haver nenhuma diferença entre sua experiência durante uma sessão meditativa e entre sessões. Você tem uma perspectiva invariável ao longo de todos os estágios, permanecendo constantemente num local autoconstituído dentro da consciência mais profunda. **"Habitando-se continuamente no estado indiferenciável, não há divisão entre a sessão e o entre-sessões."**

• 11 •

O Caminho Gradual

A IMERSÃO CONTÍNUA na consciência mais profunda é a situação daqueles que possuem faculdades extremamente aguçadas, cujos dons kármicos são de tal natureza que ouvir uma introdução à consciência mais profunda e ser liberado das obstruções são coisas simultâneas, uma vez que essas pessoas são capazes de identificar a consciência mais profunda e permanecer com ela. Para os iniciantes, porém, geralmente não basta apenas identificar a consciência mais profunda; em estado de meditação, eles devem ampliar essa experiência mediante a abordagem gradualista. Devem pôr em prática, repetidas vezes, uma familiaridade com o processo meditativo.

Para isso, a mente precisa estar em boas condições, o que torna necessário abrir mão da correria e do excesso de atividades até que ela se estabilize por conta da meditação em sessões específicas, identificando a consciência mais profunda e mantendo a experiência durante o período estabelecido. É por esse motivo que Patrul Rinpoche diz: **"Porém, enquanto a estabilidade não for alcançada, deve-se valorizar a meditação havendo-se abandonado as comoções. A prática é feita dentro de divisões por sessões"**.

O Perigo

Em particular, ao deixar a sessão e engajar-se em outras atividades — não quando se está recitando preces e coisas afins, mas ao encontrar pessoas e demais coisas do gênero —, os que meditam correm o perigo de que, devido a sua longa familiaridade com poderosas emoções destrutivas de lascívia, ira e obscuridade, venham a cair sob a influência desses sentimentos cuja existência se perde no tempo. Por conseguinte, é de extrema importância manter, o tempo todo e em todas as circunstâncias, a constatação da experiência de ter identificado a consciência mais profunda — mantendo-a sempre na mente, sem esquecê-la — e agir em conformidade com essa constatação.

Nossas diferentes concepções induzem uma variedade de bons e maus prazeres e sofrimentos, nenhum dos quais extrapola, de fato, a extensão da sabedoria pura, intrinsecamente consciente e que surge naturalmente, à qual damos o nome de corpo da verdade. Em termos de seu lugar de origem, esses pensamentos erráticos nascem da clara luz que surge naturalmente por si só e, finalmente, quando você chega num alto grau de realização, eles se desvanecem na mesma expansão de clara luz que surge por si mesma. Entre esses segmentos, quando diversas aparições surgem como sonhos, você, dotado de tal conhecimento interior, deve reconhecer todas elas como a manifestação da clara luz que surge por si própria, o corpo da verdade. Como diz Patrul Rinpoche: **"Em todos os momentos e ocasiões, mantenha a exteriorização do corpo da verdade e nada mais"**.

Tomando uma Decisão

Uma vez que você adquira certeza sobre isso, sua mente não deve circunvagar sem rumo, pensando que esta ou aquela prática pode ser a melhor, entrando em contato com isto ou aquilo, fragmentando-se em muitas e diferentes direções. Como afirma Shantideva no livro *Guia do Estilo de Vida do Bodissatva*, a oportunidade de aprofundar-se estará perdida.

Por ser este o caso, investigue muito bem no começo, e então, uma vez que tenha tomado uma decisão, mantenha-a continuamente. Você não deve fragmentar-se por pensar que existe alguma outra prática. **"Decida com a máxima firmeza possível que não há nada além disso."**

A decisão a ser tomada é que a sabedoria despojada e pura e o corpo da verdade naturalmente presente constituem um Buda que nunca conheceu o erro. Da mesma maneira,

Maitreya afirma em sua obra *Sublime Contínuo do Grande Veículo*:

> Os defeitos são acidentais,
> Mas as qualidades são dotes naturais.

As impurezas — os diferentes tipos de defeitos — são suscetíveis à remoção por meio de antídotos. Elas podem ser eliminadas, são separáveis da mente e, por esse motivo, afirma-se que são acidentais. Contudo, as qualidades de um Buda são um dote natural, pois o alicerce de onde elas provêm — a consciência mais profunda que surge naturalmente, ou a mente inata fundamental de clara luz — é primordialmente estabelecida dentro de nós, passível de manifestar os atributos de um Buda. Por assim dizer, já possuímos integralmente a causa das qualidades de um Buda.

Em suma, você deve manter a prática de permanecer — por meio da atenção plena fundamental e inata — dentro da consciência mais profunda identificada anteriormente em sua experiência interior, sem nenhuma diferença entre estar dentro ou fora da meditação. O verso conclui: **"Tenha essa determinação somente, e nenhuma outra — este é o segundo aspecto essencial"**.

• 12 •

A Terceira Chave
Autolibertação

AGORA A ÚLTIMA das três chaves.

III.

Neste momento, no ato de conhecer a entidade básica
De todos os desejos e ódios, prazeres e sofrimentos,
 E de todas as concepções contingentes, não se faz nenhuma conexão subsequente.
 Mediante a identificação do corpo da verdade, do modo de libertação,
  Tudo aquilo se torna semelhante a escrever na água.
 Aparecendo e libertando-se por si mesmo, ininterruptamente,

Tudo quanto surge é alimento para a consciência nua, vazia.

O que quer que flutue é a suprema atividade criativa do corpo da verdade,

Autopurificando-se sem deixar vestígio. A LA LA.

O modo como surgem é igual ao anterior,

Mas os modos de libertação diferenciam-se de maneira extremamente importante.

A meditação sem isso é um caminho equivocado.

Os que o possuem, sem a meditação, estão dentro do corpo da verdade.

A confiança é encontrada na libertação — o terceiro aspecto essencial.

O Espaço de Não Envolvimento

Quaisquer que sejam as concepções contingentes ou temporárias que forem geradas — ilustradas pela luxúria e pelo ódio, prazer e sofrimento —, reconheça todas elas como a mera vibração da consciência mais profunda. O poder dessas consciências conceituais enfraquecerá e elas não estabelecerão mais conexões como faziam antes, uma em seguida à outra, tornando-se cada vez mais fortes.

Se você conseguir sustentar bem a prática de reconhecer a consciência mais profunda, o sucesso alcançado com esse tipo de treinamento será útil mesmo no momento da geração de fortes desejos e ódios, ou de passar pelo grande prazer dos triunfos e pelo grande sofrimento dos revezes. Pois é crucial, em meio a essas emoções, identificar a consciência mais profunda, a base mesma da libertação. Quando você conseguir se manter na experiência da natureza básica já identificada — a base e o modo de libertação verdadeiros — sem perdê-la, sem sair dela, as concepções geradas aparecerão claramente no contexto central dessa natureza básica e, desse modo, serão semelhantes a escrever na água; desaparecem imediatamente, libertadas na esfera da consciência mais profunda, sem fazer nenhuma conexão com os envolvimentos subsequentes. Se desintegram em seu próprio espaço assim que são produzidas. Para onde vão as concepções ao serem liberadas? Para a consciência mais profunda. Tendo identificado a mente básica — a Grande Completude, o corpo da verdade — em que as concepções são liberadas, ocorre então que, quando as concepções aparecem, elas próprias libertam-se continuamente, como se tivessem sido escritas na água.

Com a primeira chave, você identificou a consciência mais profunda e, com a segunda, aprendeu a manter sua presença na meditação. Agora, a ênfase incide sobre o desaparecimento do pensamento conceitual na consciência mais profunda. **"Neste momento, no ato de conhecer a entidade básica de todos os desejos e ódios, prazeres e sofrimentos, e de todas as concepções contingentes, não se faz nenhuma conexão subsequente. Mediante a identificação do corpo** da verdade, do modo de libertação, tudo aquilo se torna semelhante a escrever na água."

Sejam quais forem os tipos de concepções que ocorram, atente para a entidade vazia no núcleo de cada uma e reconheça que elas não extrapolam a natureza da consciência fundamental. Se você conseguir fazer isso, os próprios artifícios do conceitualismo irão auxiliá-lo na prática de manter a averiguação de sua própria realidade.

Quando você conseguir manter facilmente esse tipo de prática, sejam quais forem os tipos de concepções que venham a surgir, eles se tornarão uma espécie de sustento, ou alimento, para a consciência nua, vazia. Aparecendo e imediatamente desprendendo-se, elas servem para alimentar e expandir a prática da consciência crua, nua e vazia. Como diz Patrul Rinpoche: **"Aparecendo e libertando-se por si mesmo, ininterruptamente, tudo quanto surge é alimento para a consciência nua, vazia"**.

Se, desse modo, você não se colocar sob a influência exterior do conceitualismo, mas conseguir reconhecer e manter a forma natural da consciência mais profunda, ocorrerá que, a despeito de quanto mude o conceitualismo, ele poderá apresentar-se a você como a mera vibração e a mera efervescência da atividade criativa real do corpo da verdade, como algo que simplesmente acompanha a mente fundamental.

Por esse motivo, não fazendo conexões subsequentes, o pensamento conceitual não deixa nenhum vestígio. Do mesmo modo que um pássaro voa para o céu sem deixar sinal de seu voo, o pensamento conceitual não deixa nenhuma marca; quaisquer que sejam as concepções geradas, elas não deixam vestígio, limpam-se a si mesmas e não criam conexões subsequentes. **"O que quer que flutue é a suprema atividade criativa do corpo da verdade, autopurificando-se sem deixar vestígio. A LA LA."** A LA LA é uma expressão de alegria e satisfação.

A Diferença Crucial

Quando você tiver uma experiência tão profunda, verá que as concepções realmente surgem como fizeram anteriormente, mas há uma enorme diferença no modo como você se libertará delas. Apesar do fato de os pensamentos ocorrerem com a mesma intensidade com que o faziam antes de você ter identificado a consciência mais profunda, você sairá de suas garras de maneiras muitíssimo diferentes. Apresentado à realidade, no primeiro estágio, você reconhece os pensamentos conceituais como o encontro com alguém que já lhe é conhecido. Assim que uma concepção é gerada, você a reconhece, pensando: "Ah, produziu-se uma concepção", o que impede que você caia sob sua influência. Ainda assim, como você está pensando, "Esta é uma concepção", o primeiro nível de autolibertação ainda envolve uma pequena apreensão conceitual.

No segundo nível de autolibertação, os pensamentos se manifestam, mas não conseguem fazer nenhuma conexão subsequente com qualquer outro envolvimento, e, assim, não podem permanecer, o que os faz desaparecer. O conceitualismo é incapaz de prosseguir e então se dissolve como uma serpente que, tendo formado um nó, vai aos poucos se desenroscando; não se dissolve em razão de algum antídoto exterior.

No terceiro, último e melhor nível da autolibertação, ainda que o conceitualismo seja gerado, uma vez que a face da conceitualização profunda vem se mantendo em sua própria forma sem se perder, o conceitualismo é incapaz de fazer qualquer mal. A manutenção da mente fundamental não pode estar em desvantagem perante ele. É como um assaltante numa casa vazia. Quando ele entra nessa casa, ela não tem nada a perder e o assaltante não tem nada a ganhar. O conceitualismo se dissipa por si mesmo.

Dentre os muitos modos diferentes de autolibertação, o terceiro é o mais profundo. **"O modo como surgem é igual ao anterior, mas os modos de libertação diferenciam-se de maneira extremamente importante."**

Confiança

Sem praticar a meditação da consciência mais profunda espontânea, a meditação criada artificialmente pelo conceitualismo será apenas uma prática criada por uma mente rudimentar, temporária e contingente. Quando comparado à consciência mais profunda, esse tipo de mente é inferior pelo fato de ser poluída pelo conceitualismo — o que a converte, nesse sentido, numa consciência equivocada. Diz-se, portanto, que se você não tiver a prática meditativa da consciência mais profunda espontânea, baseada em sua própria experiência, estará fatalmente propenso a incidir em erro.

Contudo, se você conseguir meditar imbuído da força dessas instruções quintessenciais, não precisará fazer nenhum esforço mentalmente artificioso para meditar; ao contrário, chegará à determinação confiante na consciência mais profunda em si, o corpo da verdade. **"A meditação sem isso é um caminho equivocado. Os que o possuem, sem a meditação, estão dentro do corpo da verdade."**

Com base na confiança que provém da experiência de autolibertação, você deve ter confiança no caráter fundamental deste último aspecto. **"A confiança é encontrada na libertação — o terceiro aspecto essencial."**

• 13 •

O Caráter Único das Três Chaves

O POEMA CONCLUI:

A visão, provida de três pontos essenciais,
Auxilia e é auxiliada pela meditação unida ao conhecimento e à empatia gloriosos,
Bem como pelos atos gerais da descendência do Vitorioso.
Mesmo que as presenças vitoriosas dos três tempos consultassem umas às outras,
Elas não teriam nenhuma orientação superior a esta.
O revelador do tesouro do corpo da verdade, desde o dinamismo da consciência mais profunda,
Fez surgir isto como um tesouro da vastidão da sabedoria.
As extrações de terra e pedra são diferentes disso.

É a palavra final de Garab Dorje*,
Extrato final da nobre mente das três transmissões.
Confiado exclusivamente aos filhos do meu coração,
É o significado profundo.
Conversação do coração, as palavras do meu coração.
Não desperdice esse significado essencial, essência do significado!
Não menospreze as instruções!

Altruísmo

A meditação é auxiliada pelo treinamento em atos altruístas motivados pelo amor e pela compaixão. Como diz o poema: **"A visão, provida de três pontos essenciais, auxilia e é auxiliada pela meditação unida ao conhecimento e à empatia gloriosos, bem como pelos atos gerais da descendência do Vitorioso".**

Patrul Rinpoche enfatiza como o caminho espiritual geral dos *bodhisattvas*, que se centra em atos altruístas inspirados pelo amor e pela compaixão, fortalece a prática das três chaves.

---

* Garab Dorje foi um grande mestre da tradição Dzogchen. Nasceu por volta do século VII na Índia na região de Oddiyana, no atual Paquistão. É considerado como o primeiro mensageiro de linhagem humana dos ensinamentos Dzongchen e visto dentro dessa tradição como "Nirmanakaya Garab Dorje" uma emanação humana do Buda Vajrasattva, o "Buda da Purificação". (N. do E.)

A Grandeza do Caminho

Enquanto você puder usar a mente inata fundamental de clara luz no caminho, não há absolutamente nenhuma maneira de alcançar a condição de Buda. Portanto, a única causa substancial da onisciência de um Buda é tão somente a mente inata fundamental de clara luz, a consciência mais profunda. Tendo em vista que os textos da Grande Completude explicam uma técnica para se vivenciar rapidamente a consciência mais profunda no contexto de sua vibração mesmo enquanto as seis consciências estiverem atuantes, esse é um traço característico do sistema da Grande Completude. Desse ponto de vista, Patrul Rinpoche diz: **"Mesmo que as presenças vitoriosas dos três tempos consultassem umas às outras, elas não teriam nenhuma orientação superior a esta"**. Desse modo, ele indica a grandiosidade desse caminho.

O próprio Patrul Rinpoche foi quem revelou esse texto a partir da vibração da consciência mais profunda. Ao contrário de um tesouro desenterrado da terra, ele o reuniu como um tesouro da esfera da sabedoria, um diamante da consciência mais profunda que surge naturalmente. No que diz respeito aos textos da Escola da Velha Tradução, há três linhagens:

- A linhagem distante da palavra sagrada — os textos traduzidos da Índia.

- A linhagem próxima dos textos-tesouros — os textos que em tempos futuros, no entendimento do grande mestre Padmasambhava, seriam necessários a estudantes específicos no Tibete, que ele então escondeu para serem revelados por pessoas dotadas de determinado karma, mesmo que demorasse um século ou um milênio para que isso acontecesse. Quando a situação amadurece, através das bênçãos do próprio Padmasambhava e mediante a força do mérito, do karma e das orações dessas pessoas pela revelação de tal tesouro, o texto-tesouro seria revelado. Uma vez que, mesmo depois de muitas gerações terem passado, as bênçãos diretas de Padmasambhava permanecem, a isso se dá o nome de "linhagem próxima".
- A linhagem profunda da pura experiência visionária. Na experiência visionária existem (1) textos que surgem em experiências espirituais, (2) textos que surgem para a consciência mental e (3) textos que surgem até mesmo para a consciência sensorial.

Com sua sabedoria da consciência mais profunda, Patrul Rinpoche obteve esse texto como um tesouro revelado pela esfera perfeitamente boa da sabedoria dessa consciência. Por isso, diz: **"O revelador do tesouro do corpo da verdade, desde o dinamismo da consciência mais profunda, fez** surgir isto como um tesouro da vastidão da sabedoria. As extrações de terra e pedra são diferentes disso".

Essa experiência surge subitamente dentro do nosso pensamento como um tesouro vindo da vastidão da realização especial. Isso é surpreendente e ainda acontece em nossos dias. Se alguém tivesse de escrever sobre esses tópicos trabalhando com o conhecimento conceitual, seria muito difícil compor um texto. Contudo, se você chegou à consciência mais profunda, nua e perfeitamente boa, e familiarizou-se com ela ao longo de muitas vidas, essa consciência mais profunda meditativa torna-se capacitada a tal ponto que você consegue se lembrar de cem, mil, dez mil, cem mil períodos de vida como se tivessem acontecido ontem, e também conseguirá se lembrar de ensinamentos que recebeu no passado e ficaram retidos na vastidão da consciência mais profunda. Existe hoje um lama da Escola da Velha Tradução que, tendo ativado o acesso ao dinamismo da consciência mais profunda, tem lembranças extraordinárias — ele ainda se lembra de fatos ocorridos no período da presença de Padmasambhava no século VIII no Tibete, bem como de seus próprios nascimentos incomuns —; eis um fato realmente fantástico!

Patrul Rinpoche identifica seu poema como a última palavra do principal guru indiano da linhagem da Escola da Velha Tradução, Garab Dorje: **"É a palavra final de Garab Dorje, extrato final da nobre mente das três transmissões"**. Esse ensinamento contém as três transmissões do Vitorioso Longchen Rabjam, do Onisciente Khyentse Oser Jigme Lingpa e de Jigme Gyalwe Nyugu, mencionados no início do poema. Ali, ele prestou homenagem a esses três grandes lamas da Escola da Velha Tradução, usando seus nomes para referir-se à visão, à meditação e ao comportamento. Tendo em vista que esse trecho oferece um excelente resumo de seu texto, deixei sua discussão para este momento:

Homenagem aos lamas.
   A visão é a grande expansão infinita (Longchen Rabjam).
   A meditação são raios da luz de conhecimento e empatia (Khyentse Oser).
   O comportamento é a descendência de um Vitorioso (Gyalwe Nyugu).
   Para aquele que pratica dessa maneira, não haverá hesitação quanto à condição de Buda em uma só existência".
   E, mesmo que assim não seja, uma consciência maravilhosa e perfeitamente feliz! A LA LA!

A Tríade de Visão, Meditação e Comportamento

Como já mencionei no início do texto, o autor homenageia os lamas porque, para esse tipo de prática, chamada de "tantra" e também de "mantra", os lamas (gurus) são particularmente importantes em termos gerais, e especialmente na Grande Completude, para alguém que esteja tentando praticar a introdução à consciência mais profunda que surge naturalmente. Para tal pessoa, o respeito fiel aos lamas é fundamental. Sendo esse o caso, nosso autor, Patrul Jigme Chokyi Wangpo, começa com **"Homenagem aos Lamas"**, que são sínteses de todas as fontes de refúgio dos problemas da sequência de sofrimento e finitude.

Como os lamas são tão importantes, ele fala sobre os três tópicos *visão, meditação* e *comportamento* usando os nomes de dois lamas de sua linhagem remota, Longchen Rabjam ("Grande Expansão Infinita") e Khyentse Oser ("Raios de Luz de Conhecimento e Empatia", cujo outro nome é Jigme Lingpa), e o nome de seu lama imediato, Gyalwe Nyugu ("Descendência de um Vitorioso", cujo nome mais longo é Jigme Gyalwe Nyugu, um discípulo de Jigme Lingpa). Desse modo, o autor apresenta a visão, a meditação e o comportamento em conexão com o significado dos nomes de seus lamas indiretos e diretos. Permitam-me uma explicação individual de cada aspecto mencionado.

A VISÃO, A GRANDE EXPANSÃO INFINITA

A visão da realidade é a natureza de Buda para além das proliferações da conceitualismo dualista. Tanto a Escola da Velha Tradução quanto as Escolas da Nova Tradução do Budismo Tibetano mencionam a sabedoria pura de clara luz, a matriz-Daquele-que-Alcançou-o-Êxtase. A própria sabedoria puríssima de clara luz não existe de modo independente e intrínseco, mas é vazia de proliferações conceituais — uma entidade pura desde o início, dotada de natureza espontânea. Essa matriz pura e espontânea é a base da aparição da existência cíclica e do Nirvana e, portanto, a visão em si é a grande expansão da qual se originam todas as multiplicações de fenômenos e na qual tudo por fim se recolhe. Portanto, Patrul Rinpoche diz: **"A visão é a grande expansão infinita (Longchen Rabjam)"**. Desse modo, ele fala da visão como "a grande expansão infinita", que é o significado do nome do lama que foi uma das fontes indiretas de seu aprendizado, Longchen Rabjam.

A visão em que se deve meditar é a natureza naturalmente pura de um Buda, que é chamada de "matriz-Daquele-que--Alcançou-o-Êxtase" e permeia a grande vastidão, ou a grande expansão — a esfera da realidade. A própria visão é o conhecimento de que todas as aparências da existência cíclica e do nirvana estão completas nessa realidade igual — de onde a imensidão, o infinito, a grande expansão e a vastidão.

Afirma-se que a visão da Grande Completude está além da mente; aqui, porém, no que diz respeito ao modo como ela se expressa em palavras, "visão" refere-se sobretudo não ao que é visto, mas à consciência que vê. Refere-se, portanto, ao "sujeito que vê", e não à "visão como o objeto visto". Além disso, devemos nos lembrar de que esses termos podem não vir ao caso, uma vez que a visão, aqui, está além da mente, e "sujeito e objeto" estão confinados à esfera da mente.

Todos os fenômenos estão contidos na grande esfera da consciência mais profunda, a base da qual surgem todos os fenômenos — o fundamento das aparências. Entre o fundamento e a aparência, a consciência mais profunda é o fundamento e sua vibração é a aparência. Isto, a que se dá o nome de "consciência mais profunda perfeitamente boa", é a visão em si, a grande expansão infinita.

MEDITAÇÃO, RAIOS DE LUZ DE CONHECIMENTO E EMPATIA

Tendo engendrado essa visão, cria-se espontaneamente a compaixão pelos seres sencientes que, por ignorância, não entendem essa perspectiva. É por isso que Patrul Rinpoche diz: **"A meditação são raios da luz de conhecimento e empatia (Khyentse Oser)"**. "Raios de luz de conhecimento e empatia" é exatamente o significado do nome de Khyentse Oser. No contexto da distinção entre a consciência mais profunda e a vibração da consciência mais profunda, esta última inclui oito tipos de aparição espontânea. Uma delas é a compaixão generalizada — raios de luz de conhecimento e empatia e, da meditação sobre ela, surgem fatores espontâneos do "caminho direto" ou progresso espontâneo, enquanto a grande expansão infinita é a prática do "caminho do corte", da pureza essencial.

Ao ser apresentado à face natural da consciência mais profunda em seu desnudamento, se alguém conseguir permanecer na expansão da consciência mais profunda por meio da atenção plena fundamental, que é uma atenção natural e inata, esses fatores espontâneos surgirão por si próprios no processo de meditação. Aqui, "desnudamento" significa que a poluição obstrutiva do conceitualismo foi afastada — sendo o conceitualismo semelhante a roupas que foram tiradas, deixando o corpo nu: consciência pura.

Quando surge a experiência da consciência mais profunda, a atenção plena fundamental vem junto com ela, efetuando a prática da meditação, momento em que o praticante pode decidir, de modo conclusivo, que aquilo que se quer, a libertação, não vai além dos limites da consciência mais profunda, e que o que se quer descartar, a existência cíclica, é apenas a vibração da consciência mais profunda. Assim, esses dois elementos — o bom e o mau, o nirvana e a existência cíclica, as esperanças e os medos — são conclusivamente vistos como a atividade criativa, a vibração e a efervescência da consciência mais profunda.

COMPORTAMENTO, A DESCENDÊNCIA DE UM VITORIOSO

Na medida em que permanecermos sem flutuar a partir da experiência dessa expansão desimpedida da consciência mais profunda, seja qual for o comportamento que se ponha em prática, ele tem um caráter único, como o gosto de um único sabor. Nesse sentido, Patrul Rinpoche diz: **"O comportamento é a descendência de um Vitorioso (Gyalwe Nyugu)"**. "Descendência de um Vitorioso" é exatamente o significado do nome de Gyalwe Nyugu. Pelo fato de ter uma motivação compassiva e uma sabedoria intensa, você se engaja em comportamentos altruístas para ajudar os outros; essas ações altruisticamente motivadas e infundidas com o conhecimento da realidade são a descendência que se transforma num Buda.

Você precisa desenvolver a prática da consciência mais profunda em seu estado de nudez e meditar dentro dela. Ao adquirir essa visão experimental, não é necessário buscar a mediação ou o comportamento fora de seus limites. Quando você mantém a prática a partir de dentro da esfera dessa visão, afirma-se que:

- A *visão permanece como uma montanha imóvel*.
- A *meditação permanece como um oceano*. A despeito do número de ondas na superfície, as profundezas per-

manecerão estáveis. Quando você foi apresentado à consciência mais profunda na prática, e a identificou, então, como o sol e a luz solar, a atenção plena fundamental terá sido criada com ela. Nesse momento, você não precisará obter a atenção plena por meio de grandes esforços ou atividades; a atenção plena é inata.
- *O comportamento permanece como uma aparição.* Quando você já identificou a consciência mais profunda e experimentou essa visão, ocorrerá que, dessa perspectiva, quaisquer que sejam as concepções ou objetos a aparecer, você não os seguirá nem será capturado por eles, mas permanecerá solidamente no contexto da consciência mais profunda, de tal modo que não será necessário fazer distinções entre os tipos de comportamento que são adotados e os que devem ser descartados, pois você já estará além do alcançar e parar, do esperar e temer.

Se, como praticante, você realmente conseguir praticar esse tipo de visão, meditação e comportamento da maneira correta, terá a oportunidade de alcançar a condição de Buda ainda nesta vida. **"Para aquele que pratica dessa maneira, não haverá hesitação quanto à condição de Buda em uma só existência."**

Contudo, mesmo que não alcance a condição de Buda nesta vida, através da prática da motivação altruísta e da sabedoria intensa você poderá se estabelecer firmemente numa alta realização e, assim, ficar imune às influências de más circunstâncias que poderiam atingi-lo no transcurso deste seu atual período de vida. Você não será oprimido por séries de esperanças e medos, mas conseguirá usar as más circunstâncias como passos no caminho e, de uma vida para outra, seguirá de felicidade em felicidade, capaz de alçar-se a posições cada vez mais elevadas. **"E, mesmo que assim não seja, uma consciência maravilhosa e perfeitamente feliz!** A LA LA!**"** Mesmo que não alcance a condição de Buda em seu atual período de vida, você será extremamente feliz: "Que maravilhoso!"

Os Últimos Versos do Poema

No fim do poema, Patrul Rinpoche dá conselhos sobre a importância dessa prática, **"Confiado exclusivamente aos filhos do meu coração, é o significado profundo. Conversação do coração, as palavras do meu coração. Não desperdice esse significado essencial, essência do significado! Não menospreze as instruções!"**

Como diz Dodrubchen: "O fato de a realização produzir-se ou não depende do seu esforço". Nosso esforço deve ser mantido ininterruptamente. Não há nenhuma maneira de querer alçar os mais altos voos com facilidade ou rapidez.

QUARTA PARTE

Comparação Entre as Escolas da Antiga Tradução e da Nova Tradução

• 14 •

Estruturas Básicas da Grande Completude na Escola da Antiga Tradução

Discutiremos agora dois temas interligados da Grande Completude, começando com as duas verdades, a verdade última e as verdades convencionais, e depois a tríade de base, caminhos e frutos dos caminhos.

As Duas Verdades

A natureza de clara luz, básica e luminosa, é a raiz final de todas as mentes — para sempre indestrutível, imutável como um diamante. No Budismo, esse aspecto da mente é considerado permanente no sentido de que seu contínuo é ininterrupto — sempre existiu e continuará a existir para sempre, não sendo, portanto, uma coisa recém-iniciada por causas e condições.

Pura desde o início e dotada de uma natureza espontânea, essa mente de diamante é a base de todo desenvolvimento espiritual. Mesmo enquanto gera muitas concepções boas e más, como o desejo, o ódio e desorientação, em si mesma a mente de diamante é imune aos desvirtuamentos dessas impurezas, como o céu por entre as nuvens.

A água pode estar extremamente suja, mas sua natureza permanece limpa. Da mesma maneira, a despeito das emoções destrutivas que forem geradas como artifícios dessa mente de diamante, e por mais poderosas que sejam, a consciência mais profunda permanece intocada pelos desvirtuamentos; é boa sem ter começo ou fim.

Qualidades espirituais maravilhosas, como o amor e a compaixão infinitos, estão todas presentes em sua forma básica nessa mente de diamante; sua manifestação só é impedida por certas condições temporárias. Em certo sentido, somos iluminados desde os primórdios de nossa existência e dotados de uma mente básica totalmente boa.

Na Escola da Velha Tradução do Budismo Tibetano, a mente de diamante é postulada como a verdade última. Essa verdade última não é postulada como um objeto encontrado por uma consciência que perceba o vazio, como na Escola do Caminho do Meio; ao contrário, ela é a consciência mais profunda, a clara luz que não tem começo nem fim, a base de todos os fenômenos da existência cíclica e do Nirvana. Por estar além de todos os fenômenos contingentes, é chamada de verdade última. A atividade criativa, as manifestações, a efervescência ou formas ainda mais grosseiras dela são verdades convencionais.

Mesmo nas Escolas da Nova Tradução, a mente fundamental também funciona como base de todos os fenômenos da existência cíclica e do Nirvana e é postulada como verdade última, a natureza real dos fenômenos. Às vezes também é chamada de "clara luz" e "incomposta". Na Escola da Velha Tradução, é chamada de "mente de diamante"; não se trata da mente que é contraposta à consciência mais profunda na dicotomia entre esta última (*rig pa*) e mente (*sems*), mas da consciência mais profunda em si, o fator profundo de mera luminosidade e conhecimento, a raiz final de todas as mentes — para sempre indestrutível, imutável e de um contínuo inquebrantável como um diamante.

Assim como as Escolas da Nova Tradução falam de uma mente inata fundamental, sem começo nem fim, a Escola da Velha Tradução fala de uma mente de diamante que também não tem começo nem fim e segue adiante, sem interrupção, pelo estágio de frutificação da condição de Buda. É considerada "permanente" no sentido de continuar existindo para sempre. É permanente no sentido de que seu contínuo não é interrompido — sendo isso análogo à afirmação do *Ornamento da Clara Realização*, de Maitreya, de que as nobres atividades de um Buda são consideradas permanentes pelo fato de serem inexauríveis, o que significa que seu contínuo nunca é interrompido. Assim como as nobres atividades de um Buda recebem a designação de "permanentes", a clara luz também existiu desde os primórdios, sem origens identificáveis no tempo, sem ser recriada, indissolúvel e, desse modo, permanentemente arraigada. A mente inata fundamental de clara luz também é incomposta no sentido de não ser contingente e não ser repetidas vezes produzida por causas e condições.

Em geral, o termo "incomposto" é entendido de duas maneiras distintas: segundo uma delas, a clara luz não é *de maneira alguma* constituída por causas e condições; a outra afirma que a clara luz não é criada *ex novo* por causas e condições, mas tem existência primordial, razão pela qual seu contínuo é permanente. Esses termos precisam ser contextualmente entendidos. Por exemplo, alguns eruditos de grande saber já afirmaram que tudo que existe é necessariamente "composto". Pode parecer que esses eruditos estejam negando a existência dos fenômenos permanentes, uma vez que estes não são compostos por causas e condições ou produzidos a partir delas; na verdade, porém, eles estão dizendo que todos os fenômenos, quaisquer que sejam — inclusive os permanentes —, são estabelecidos em situação de dependência, uma vez que são criados pelo pensamento; esta é a perspectiva que os leva a dizer que todos os fenômenos resultam de uma combinação.

Além disso, também se diz que a consciência mais profunda que surge naturalmente está além da consciência, além da mente. Precisamos entender que, uma vez que a produção, a cessação, o composto, o incomposto etc., estão todos dentro da cerca dos conceitos mentais, a consciência mais profunda que surge naturalmente tem uma natureza *para além* da mente e, portanto, fora do alcance daquilo que é postulado pela terminologia e pelo conceitualismo. Esse é o motivo que leva à afirmação de que a consciência mais profunda está além do pensamento e da expressão.

Base, Caminhos e Frutos

Tentarei agora apresentar-lhes uma sinopse da base, dos caminhos e dos frutos de acordo com a Grande Completude. Como o assunto é complexo, peço-lhes que tenham paciência.

A BASE:
ENTIDADE PURA DESDE O INÍCIO
E NATUREZA ESPONTÂNEA

Na Grande Completude, a estrutura fundamental é tríplice — entidade pura desde o início, natureza espontânea e compaixão:

A *entidade* da consciência mais profunda é essencialmente pura, naturalmente desprovida de problemas desde o início ou, no vocabulário da Escola do Caminho do Meio, naturalmente vazia de existência inerente desde o início. Na esfera dessa natureza de mera luminosidade e conhecimento, todos os fenômenos puros e impuros aparecem como a atividade criativa ou a manifestação de sua natureza espontânea. Todas essas aparições e ocorrências de fenômenos são caracterizados por essa natureza de espontaneidade. A refulgência desimpedida da consciência mais profunda é até chamada de *compaixão*, pois seu efeito são atividades compassivas, nascidas da entidade essencialmente pura e da natureza espontânea da mente de diamante.

Os dois primeiros desses fenômenos — entidade pura desde o início e natureza espontânea — são a base ou o fundamento, e são centrais. Se comparássemos esse tipo de vocabulário da Escola da Velha Tradução com o das Escolas da Nova Tradução, poderíamos dizer que o vocabulário de "pureza essencial" se refere à classe do vazio, e que espontaneidade remete à classe da aparência ou aparecimento. Portanto, na Escola da Velha Tradução, a base é "pureza e espontaneidade essenciais", enquanto em outras escolas a base é "vazio e aparecimento".

Embora seja possível fazer uma associação entre pureza essencial e vazio e uma associação entre espontaneidade e aparência, é preciso entender que o vocabulário de "pureza e espontaneidade essenciais" é usado no contexto da identificação da consciência mais profunda que surge naturalmente como verdade última, onde "verdade última" tem um significado particular na Escola da Velha Tradução. Especificamente, na apresentação especial da Escola da Velha Tradução, a verdade última é vazia de fenômenos contingentes; aqui, portanto, a verdade última é "vazia de tudo o que é outro". Isso significa que a verdade última, a pureza essencial, é a mente inata fundamental de clara luz, que é primordial e fundamental, enquanto as verdades convencionais são todos os outros fenômenos, que são contingentes em relação a isso; a verdade última é vazia deles, razão pela qual é "vazia de tudo o que é outro".

Desse modo, em si mesma a verdade última é uma união do vazio de existência inerente com a consciência mais profunda. Portanto, embora haja exemplos em que o termo "pureza essencial" seja usado para referir-se à consciência mais profunda, em geral ele se refere ao vazio de existência intrínseca, conforme estabelecido nos ensinamentos do Buda naquilo que se chama de "segundo giro da roda da doutrina".

O termo "espontaneidade" pode ser identificado como referência ao objetivo final do pensamento do terceiro e último giro da roda da doutrina, apesar de não estar totalmente exposta aí, e apesar de só ser totalmente exposta no Tantra Yoga Superior. A aparição espontânea é o significado final previsto pelos ensinamentos da natureza búdica no último giro da roda da doutrina, sendo ela a clara luz espontânea. Portanto, essas duas — a "entidade pura desde o início" e a "espontaneidade" — são o *status* da base, a fundação.

Sem o impacto da pureza desde o início, as impurezas não poderiam ser retificadas e por fim removidas; contudo, mesmo com a pureza desde o início, sem o significado da espontaneidade não haveria modo algum pelo qual pudéssemos nos tornar um Buda. Portanto, a base do caminho espiritual compreende a pureza essencial e a espontaneidade.

O CAMINHO: CAMINHO DO CORTE E CAMINHO DIRETO

O caminho espiritual é praticado a partir dessa base, o fundamento de pureza essencial e espontaneidade. No contexto da pureza essencial, pratica-se o caminho do corte, e, no contexto da espontaneidade, ou aparecimento espontâneo, pratica-se o caminho direto.

Quando se faz uma divisão entre o fundamento e o aparecimento do fundamento, "pureza desde o início" e "espontaneidade" constituem a consciência mais profunda primordialmente existente que é a base de toda existência cíclica e do Nirvana e compreendem a situação do fundamento.

Então, quando se está no caminho, as práticas chamadas de "caminho do corte" são usadas para meditar sobre o sentido da pureza desde o início, e as práticas chamadas de "caminho direto" são usadas para fomentar níveis crescentes de aparecimento não artificial no contexto de espontaneidade.

OS FRUTOS DO CAMINHO: LUMINOSIDADE INTERIOR E LUMINOSIDADE EXTERIOR

Quando, no contexto dos caminhos do corte e direto, seus frutos se concretizam, o corpo da verdade, que é uma manifestação interior da pureza desde o início, e o corpo de fruição completa, que é uma manifestação exterior da espontaneidade, tornam-se reais. Assim como na base existem a pureza essencial e a natureza de espontaneidade, e durante o caminho há o caminho do corte e o caminho direto, assim também, quando o fruto da prática se manifesta por meio desses dois caminhos, há o corpo da verdade essencialmente puro e interiormente luminoso e o corpo de fruição completa espontâneo e exteriormente luminoso.

A pureza desde o início surge interiormente como o corpo da verdade, que só é vivenciado em percepção direta entre os Budas e não aparece diretamente aos aprendizes, razão pela qual é chamado de "realização de seu próprio bem-estar". Só se manifesta interiormente aos seres que a contêm em seu próprio contínuo, e não é exteriormente desfrutada pelos aprendizes; consequentemente, é chamada de "pureza desde o início manifestando-se interiormente como o corpo da verdade de um Buda". De fato, a subdivisão do corpo da verdade chamada de "corpo da verdade de sabedoria primordialmente pura" gira totalmente ao redor da consciência mais profunda.

Exteriormente, a espontaneidade se manifesta como o corpo de fruição completa de um Buda. Pois, com base em aparições espontâneas, as aparências exteriormente orientadas surgem como formas que produzem o bem-estar alheio; às vezes, chegam a ser chamadas de "aparições incluídas nos contínuo dos próprios aprendizes". Baseadas na espontaneidade e dependentes do caminho direto, a atividade criativa de diversas aparências de emanações puras e impuras manifesta-se de acordo com os interesses e as disposições dos discípulos, que são, respectivamente, o corpo de fruição completa e os corpos de emanação que se manifestam exteriormente.

Um Significado Especial de "Meditação"

Na Escola da Velha Tradução, a "meditação" sobre a mente profunda significa que a própria mente está identificando sua natureza profunda e mantendo-a em meditação, mas não à maneira de meditar *sobre* um objeto. Quando essa mente profunda identifica a si mesma, nesse mesmo instante ela se manifesta. Uma vez que, antes de contatar e identificar a entidade dessa mente profunda, você já constatou o vazio de existência intrínseca da mente através da prática do caminho do corte, observando de onde a mente emerge, onde ela vive e para onde vai, surge uma mente que se percebe como qualificada por um vazio de existência intrínseca.

Ainda que isso possa ser chamado de "cultivar alguma coisa", mais do que focar numa mera ausência de existência intrínseca, isso não é igual à composição de aparição e vazio — uma eliminação da existência intrínseca que é também a aparição de um objeto, chamada de "aparição aparentemente ilusória" — sobre a qual se medita com um nível de consciência mais grosseiro. Ao contrário, a meditação em si ocorre com uma mente mais sutil. Quando a familiaridade com a consciência mais profunda fica mais forte, o complexo de concepções diminui gradualmente, a consciência torna-se cada vez mais sutil e a clara luz manifesta-se em sua plenitude.

Mesmo nas Escolas da Nova Tradução, quando a clara luz se manifesta, o vazio da existência intrínseca aparece. Segundo a explicação de Norsang Gyatsho, erudito e adepto da Nova Escola, quando a clara luz aparece, mesmo no momento da morte de uma pessoa comum, o vazio aparece, mas não é constatado. Isso porque, quando qualquer ser morre, mesmo que seja um besouro, há um desvanecimento da grosseira aparência dualística; isso não significa que a existência intrínseca apareça ou que a aparição convencional se desvaneça; o que ocorre é o desaparecimento das aparições convencionais menos sutis.

No momento da clara luz da morte, o vazio aparece, mas a pessoa — a menos que seja um yogue com alto grau de desenvolvimento — não pode constatá-lo, pois ele não está aparecendo devido à eliminação da existência intrínseca. Porém, quando a mente identifica a si mesma e isso é feito por uma pessoa que constatou o vazio, a aparição dualística se desvanece, de modo a não deixar nenhuma dúvida de que essa mente é uma única entidade que não apresenta diferença alguma em relação ao vazio; assim, um desvanecimento de aparição dualística no vazio se realiza plenamente.

DIMINUIÇÃO GRADUAL DO CONCEITUALISMO

Na Grande Completude, quando o yogue vai se habituando à meditação sobre a combinação de vazio e aparição com uma mente sutil — a aparição que ainda é o vazio dessa mente básica, a mente sendo entendida como vazia de existência intrínseca —, a aparição de proliferações conceituais diminui aos poucos na esfera da consciência mais profunda, permitindo a manifestação da clara luz com extraordinária sutileza.

Por esse motivo, está claro que todos os fatores implicados no cultivo da visão do vazio conforme os apresentam as Escolas da Nova Tradução estão contidos na meditação da Grande Completude.

IDENTIFICANDO A CLARA LUZ NO MEIO DE QUALQUER CONSCIÊNCIA

Nas escolas da Nova Tradução, afirma-se ser impossível a concretização da mente inata fundamental de clara luz simultaneamente com a manifestação das seis consciências operativas — olhos, ouvidos, nariz, língua, corpo e consciência mental. Segundo essas escolas, é preciso primeiro dissipar todas as consciências mais grosseiras e deixá-las como que incapacitadas; só então a mente fundamental aparecerá em seu desnudamento. Segundo as Escolas da Nova Tradução, é impossível que as consciências grosseiras e sutis ocorram simultaneamente.

Por outro lado, na Escola da Velha Tradução da Grande Completude é possível ser apresentado à clara luz sem a cessação das seis consciências operativas. Mesmo quando uma emoção destrutiva é gerada no encontro com um objeto sobre o qual sobrepomos falsamente uma bondade ou maldade para além de sua verdadeira natureza, a emoção destrutiva tem em si a natureza de ser uma entidade de mera luminosidade e saber. Uma vez que a mente de clara luz tem o caráter geral de toda mente como uma entidade de mera luminosidade e saber, o fator geral da clara luz pode ser identificado mesmo em meio a qualquer consciência destrutiva vulgar, como o desejo ou o ódio.

Como diz Dodrubchen, a mera luminosidade e conhecimento impregnam toda a consciência e podem, inclusive, ser identificados durante a geração de uma forte emoção destrutiva sem que seja preciso interromper as seis consciências operativas. Portanto, a diferença entre a Escola da Velha Tradução e as Escolas da Nova Tradução está no fato de que, ao iniciar a prática de identificar a consciência mais profunda na Grande Completude, essa interrupção das seis consciências operativas não é necessária. Ao contrário, ao deixar as consciências mais grosseiras exatamente como elas são, o yogue identificará a clara luz.

Quando essa identificação já ocorreu, não é necessário eliminar propositalmente as concepções de bondade e maldade. Em vez disso, seja qual for o tipo de concepção que venha a surgir, não terá o poder de iludir o aprendiz, que conseguirá permanecer totalmente concentrado nas características de mera luminosidade e conhecimento.

Desse modo, perdem força as condições de geração da atividade mental inadequada de criar sobreposições relativas aos fenômenos, e o conceitualismo não consegue, de fato, ter início, tornando-se pouco a pouco mais fraco. Assim, a doutrina da Grande Completude caracteriza-se por uma maneira singular de introduzir a visão, a meditação e o comportamento a alguém que foi apresentado à consciência mais profunda e identificou-a devidamente.

• 15 •

Recomendações

QUANDO NOS EMPENHAMOS na busca do desenvolvimento interior, um resultado muito bom é bem difícil, para não dizer impossível, de obter num período breve de tempo; por esse motivo, não devemos ter grandes expectativas quando começamos a praticar. Com uma atitude mental de paciência e grande determinação, no transcorrer do tempo, ano após ano, o progresso interior irá se desenvolver. Como afirmou um lama tibetano: "A um rápido e súbito olhar, pode parecer impossível que a pessoa consiga fazer essas coisas. Porém, os fenômenos compostos não permanecem como são; eles mudam conforme as condições". Se não ficarmos desestimulados e mantivermos nosso empenho, alguma coisa que imaginamos impossível de ocorrer em um século será realizada num único dia.

A força de vontade e a determinação são essenciais. Além disso, enquanto praticarmos o desenvolvimento interior, a conduta diária de acordo com os princípios morais será crucial para o benefício tanto de nós mesmos quanto da sociedade.

Algumas pessoas podem achar que esse tipo de prática é inviável ou pouco realista. Contudo, até animais selvagens como tigres e leões podem, com paciência, ser domados. Se fizermos aqui uma analogia veremos que nós, seres humanos, com a excelência de nosso cérebro e tamanho potencial, temos condições de dominar qualquer coisa. Se testarmos essas práticas com paciência, poderemos sentir e conhecer, por meio de nossa própria experiência, que a mente pode ser "domada". Se uma pessoa que se irrita facilmente tentar controlar sua própria raiva, com o tempo ela será capaz de fazê-lo. O mesmo se pode dizer de uma pessoa muito egoísta; primeiro essa pessoa deverá tomar conhecimento dos erros da motivação egoísta e dos benefícios de ser mais altruísta; depois de se dar conta disso, ela deverá treinar esses comportamentos, tentando controlar o aspecto contraproducente e desenvolver o aspecto positivo. Praticado na vida cotidiana, aos poucos esse tipo de prática pode ser muito eficaz e valioso.

Você pode descobrir se sua mente é dócil ou não ao examinar seu próprio comportamento. Você é sua própria testemunha. Há dois tipos de testemunho – o dos outros e o seu próprio —, mas, no que diz respeito ao desenvolvimento interior, seu próprio testemunho é mais importante.

Se aqueles que alegam estar praticando doutrinas de bondade etc. levam uma vida boa e razoável, eles constituem uma demonstração e um exemplo para que os outros percebam o valor dessas práticas. As pessoas que pretendem praticar um sistema, mas cuja conduta e estilo de vida não são bons nem razoáveis não apenas acumulam dissipação e ignomínia para si próprias como também prejudicam esses ensinamentos em termos gerais. Portanto, é importante ser consciencioso. Este é meu apelo.

Nascidos que fomos como seres humanos, assumimos um sistema de suporte físico que nos permite alcançar facilmente tanto nossos objetivos passageiros como os de maior amplitude. Agora que recebemos essa auspiciosa forma de vida, tão única entre as miríades de formas nascidas neste mundo, é importante que não a desperdicemos. Se, nessa situação, praticarmos apenas para ter uma vida boa em renascimentos futuros, não estaríamos usando a plenitude de nosso potencial. Ou, se apenas quisermos nos libertar das complicações do sofrimento, isso também estaria muito longe de nosso potencial inerente. Com nossa humanidade, devemos nos empenhar ao máximo para atingir o mais perfeito e completo desenvolvimento espiritual, algo que nos permita ser do mais absoluto benefício para com os outros. Pelo menos, devemos tentar ser um pouco mais gentis.

Apêndice
Atingindo a Essência em Três Palavras-Chave
DZA PATRUL JIGME CHOKYI WANGPO
(Patrul Rinponche)

O título completo do poema de Patrul Rinpoche é *O Ensinamento Supremo do Rei Sábio e Glorioso*, seu comentário sobre o texto "*Atingindo a Essência em Três Palavras-Chave*", de Garab Dorje.

Homenagem aos lamas.
    A visão é a grande expansão infinita (Longchen Rabjam).
    A meditação são raios da luz de conhecimento e empatia (Khyentse Oser).
    O comportamento é a descendência de um Vitorioso (Gyalwe Nyugu).
    Para aquele que pratica dessa maneira, não haverá hesitação quanto à condição de Buda em uma só existência.

E, mesmo que assim não seja, uma consciência maravilhosa e perfeitamente feliz! A LA LA!

A visão, a expansão infinita,
Molda-se nos aspectos essenciais de três chaves.

I.

Primeiro, ponha sua mente em estado de descontração,
Sem nada emitir, nada absorver, nada conceitualizar.
Nesse estado de relaxamento, de total absorção,
De repente grite PAṬ, golpeando a consciência,
Forte, intenso, breve. E MA HO!
Coisa alguma, espantoso.
Espantosa, desimpedida entrada.
Entrada desimpedida, inexprimível.
Identifique a consciência mais profunda do corpo da verdade.
Sua entidade é identificada dentro de você mesmo — este é o primeiro aspecto essencial.

II.

Depois, quer desdobrando-se, quer repousando no interior,
Com raiva ou com desejo, feliz ou triste,

Em todos os momentos e ocasiões,
Reconheça o corpo da verdade de sabedoria impoluta, já identificado.
Para aqueles com conhecimento anterior, a clara luz mãe e filho se encontram.
Estabeleça-se no estado inexprimível da qualidade da consciência mais profunda.
Estabilidade, bem-aventurança, luminosidade e deleite devem ser reiteradamente destruídos.
Faça descer subitamente a sílaba do método e da sabedoria.
Não há nenhuma diferença entre a postura de equilíbrio meditativo e a realização subsequente.
Habitando-se continuamente no estado indiferenciável, não há divisão entre a sessão e o entre-sessões.
Porém, enquanto a estabilidade não for alcançada,
Deve-se valorizar a meditação havendo-se abandonado as comoções.
A prática é feita dentro de divisões por sessões.
Em todos os momentos e ocasiões,
Mantenha a exteriorização do corpo da verdade e nada mais.
Decida com a máxima firmeza possível que não há nada além disso.
Tenha essa determinação somente, e nenhuma outra — este é o segundo aspecto essencial.

III.

Neste momento, no ato de conhecer a entidade básica
De todos os desejos e ódios, prazeres e sofrimentos,
E de todas as concepções contingentes, não se faz nenhuma conexão subsequente.
Mediante a identificação do corpo da verdade, do modo de libertação,
Tudo aquilo se torna semelhante a escrever na água.
Aparecendo e libertando-se por si mesmo, ininterruptamente,
Tudo quanto surge é alimento para a consciência nua, vazia.
O que quer que flutue é a suprema atividade criativa do corpo da verdade,
Autopurificando-se sem deixar vestígio. A LA LA.
O modo como surgem é igual ao anterior,
Mas os modos de libertação diferenciam-se de maneira extremamente importante.
A meditação sem isso é um caminho equivocado.
Os que o possuem, sem a meditação, estão dentro do corpo da verdade.
A confiança é encontrada na libertação — o terceiro aspecto essencial.

A visão, provida de três pontos essenciais,
Auxilia e é auxiliada pela meditação unida ao conhecimento e à empatia gloriosos,
Bem como pelos atos gerais da descendência do Vitorioso.
Mesmo que as presenças vitoriosas dos três tempos consultassem umas às outras,
Elas não teriam nenhuma orientação superior a esta.
O revelador do tesouro do corpo da verdade, desde o dinamismo da consciência mais profunda,
Fez surgir isto como um tesouro da vastidão da sabedoria.
As extrações de terra e pedra são diferentes disso.
É a palavra final de Garab Dorje,
Extrato final da nobre mente das três transmissões.
Confiado exclusivamente aos filhos do meu coração,
É o significado profundo.
Conversação do coração, as palavras do meu coração.
Não desperdice esse significado essencial, essência do significado!
Não menospreze as instruções!

Bibliografia Selecionada

Sua Santidade, o Dalai Lama. *Becoming Enlighted*. Traduzido e organizado por Jeffrey Hopkins. Nova York: Atria Books, 2009.

_____. *Dzogchen: Heart Essence of the Great Perfection*. Traduzido por Geshe Thupten Jinpa e Richard Barron (Chökyi Nyima) e organizado por Patrick Gaffney. Ithaca, Nova York: Snow Lion Publications, 2004.

_____. *How to Be Compassionate: A Handbook for Creating Inner Peace and a Happier World*. Traduzido e organizado por Jeffrey Hopkins. Nova York: Atria Books, 2011.

_____. *How to Expand Love: Widening the Circle of Living Relationships*. Traduzido e organizado por Jeffrey Hopkins. Nova York: Atria Books, 2005.

_____. *How to Practice: The Way to a Meaningful Life*. Traduzido e organizado por Jeffrey Hopkins. Nova York: Atria Books, 2002.

_____. *How to See Yourself as You Really Are*. Traduzido e organizado por Jeffrey Hopkins. Nova York: Atria Books, 2006.

_____. *Kindness, Clarity, and Insight*. Traduzido e organizado por Jeffrey Hopkins; coeditado por Elizabeth Napper, Ithaca, Nova York: Snow Lion Publications, 1984. Edição revisada, 2006.

_____. *The Meaning of Life: Buddhist Perspectives on Cause and Effect*. Traduzido e organizado por Jeffrey Hopkins. Boston: Wisdom Publications, 2000.

_____. *Mind of Clear Light: Advice on Living Well and Dying Consciously*. Traduzido e organizado por Jeffrey Hopkins. Nova York: Atria Books, 2003. Anteriormente publicado em capa dura com o título de *Advice on Dying*.

Hopkins, Jeffrey. *Mi-pam-gya-tsho's Primordial Enlightenment: The Nyingma View of Luminosity and Emptiness, Analysis of Fundamental Mind*. Com comentários orais de Khetsun Sangpo. Dyke, Va.: UMA Institute for Tibetan Studies, 2015. uma-tibet-org.

_____. *Nagarjuna's Precious Garland: Buddhist Advice for Living and Liberation*. Ithaca, Nova York: Snow Lion Publications, 1988.

_____. *A Truthful Heart: Buddhist Practices for Connecting with Others*. Ithaca, Nova York: Snow Lion Publications, 2008.

Khetsun Sangpo Rinpoche. *Tantric Practice in Nyingma*. Traduzido e organizado por Jeffrey Hopkins; coeditado por Anne Carolyn Klein. Ithaca, Nova York: Snow Lion Publications, 2006.

Mi-pam-gya-tso. *Fundamental Mind: The Nyingma View of the Great Completeness*. Com comentários práticos por Khetsun Sangpo Rinbochay. Traduzido e organizado por Jeffrey Hopkins. Ithaca, Nova York: Snow Lion Publications, 2006.

Rinchen, Ghese Sonam e Ruth Sonam. *Yogic-Deeds of Boddisattvas: Gyel-tsap on Āryadeva's Four Hundred*. Ithaca, Nova York: Snow Lion Publications, 1994.

Tsong-kha-pa. *The Great Treatise on the Stages of the Path to Enlightenment*. 3 vols. Traduzido e organizado por Joshua W.C. Cutler e Guy Newland. Ithaca, Nova York: Snow Lion Publications, 2000-2004.

Wallace, Vesna A. e B. Alan Wallace. *A Guide do the Bodhisattva Way of Life*. Ithaca, Nova York: Snow Lion Publications, 1997.